LA TRANSFORMATION DIGITALE DU SECTEUR DU FACILITY MANAGEMENT

Brighten
Making Companies Better

© Brighten SAS, 2020
IBSN : 9798565798807

François Tabourot

LA TRANSFORMATION DIGITALE DU SECTEUR DU FACILITY MANAGEMENT

Ou comment utiliser la technologie pour changer de modèle, augmenter les Hommes et produire plus de valeur

TABLE DES MATIERES

L'AUTEUR

François Tabourot est ingénieur de l'Ecole Nationale Supérieure des Arts et Métiers promotion Louis Delâge. Formé dans les universités d'été du groupe IBM, Il participe dès 1986 à la transformation digitale des organisations au sein du cabinet Gamma International, intégré quelques années plus tard au groupe Sogeti. En 1992, il participe au rachat de MEGA International, qui deviendra l'un des leaders mondiaux des solutions logicielles d'architecture d'entreprise. Il en assure la direction générale jusqu'en 2013, date à la laquelle il créé avec trois associés, le cabinet Brighten, pour accompagner les projets d'innovation et de transformation. En 2017, il s'investit dans le secteur du Facility Management et prend une participation chez un éditeur de logiciel du secteur.

ILLUSTRATIONS

Pascal Valty © La Valtynière

© La Valtynière

PREAMBULE

Les consultants ont beaucoup de défauts. En particulier on leur reproche souvent de fournir des conseils à des professionnels de métiers qu'eux, n'ont jamais ou peu pratiqués. J'accepte cette critique. Je l'entends souvent. De fait, on attend d'eux qu'ils aient une compétence particulière dans un secteur donné. L'un sera un spécialiste de la gestion des risques dans la banque, un autre dans l'assurance. Untel sera l'expert du multicanal dans l'industrie de la mode, un autre encore dans le « food » ou le « retail ». C'est comme cela que s'organise la plupart des cabinets. Ils rangent les consultants dans les cases d'une matrice qui croise les secteurs d'activités et les grandes solutions, en particulier logicielles. Ce choix a une limite : il n'adresse que des enjeux de productivité. Pour l'essentiel les transformations associées à ces pratiques ne sont que des réponses sectorielles à des évolutions réglementaires. (Évolution du droit du travail, nouvelle règlementation environnementale, nouvelle contrainte Européenne ou internationale...). Si elles transforment toujours, elles innovent rarement.

Et puis soudain, on se demande si des trottinettes électriques en libre-service ont le droit de circuler dans nos villes, dans les rues ou sur les trottoirs. On se demande comment rédiger un contrat de location quand le locataire est plusieurs. On ne sait pas si louer son appartement pour un weekend est légal, assurable, imposable. On n'arrive pas à décider si l'industrialisation des transactions entre particuliers est éligible à la TVA. Ou encore si l'on peut faire le taxi sans être taxi. Soudain, l'audace revient entre les mains d'entrepreneurs, d'aventuriers parfois, dont l'ambition ou la variété des expériences gomme les tabous. Oui, s'agissant d'innovation, je crois à l'intelligence collective, celle dont je parle dans ces pages, mais aussi à celle que l'on nourrit de la diversité de ses expériences, celle qui repousse nos limites et élargit le cadre de notre créativité.

Durant toutes mes années professionnelles, j'ai rencontré beaucoup de situations et accompagné les transformations digitales de chaque époque technologique dans différents secteurs d'activités. Alors quand mon ami Bertrand[1], m'a donné l'opportunité de réfléchir avec lui et de mettre la diversité de mes expériences au service de la transformation du secteur du Facility Management, j'avoue l'avoir fait avec enthousiasme et énergie. D'abord j'y ai retrouvé avec plaisir quelques dirigeants rencontrés dans d'autres

---

[1] Bertrand Marcou est un entrepreneur qui participe depuis trente ans au côté de Philippe Austruy au développement des établissements dédiés à la dépendance en France et à l'étranger. Depuis, il a diversifié son activité dans différents secteurs et en particulier investit il y a 7 ans, dans celui du Facility Management.

contextes et surtout j'y ai découvert un écosystème économique particulièrement intense, animé de beaucoup de questions soulevées par les hypothèses de la transformation digitale.

Depuis plus de trois ans j'y consacre avec Brighten et ma Société d'investissements l'essentiel de mon énergie. J'ai échangé et travaillé avec beaucoup d'acteurs du secteur. Il serait trop long de les lister tous et de citer ici chacun des collaborateurs rencontrés. Mais j'espère qu'ils se reconnaîtront dans les remerciements que je tiens à leur adresser. Merci pour nos échanges, votre écoute et votre contribution à ma réflexion. Je veux remercier également les associés et partenaires de Brighten, pour leur relecture appliquée et leur accompagnement au fil de l'eau et sans concession dans ce travail d'écriture. Enfin, j'adresse un remerciement particulier à Pascal Valty qui a si gentiment accepté de mettre son talent de dessinateur au service du contenu de cet ouvrage.

La transformation de ce secteur est inéluctable. Parce que :

- Le modèle actuel fondé principalement sur le prix et non sur la valeur sclérose l'industrialisation de cet énorme réservoir d'emplois qui reste un lieu privilégié d'intégration sociale.

- L'arrivée de Managers issus d'autres secteurs d'activités, apporte de nouveaux points de vue et remet en cause les habitudes de gouvernance.

- Des secteurs connexes ont déjà entamé leur transformation. En particulier le déploiement des « bâtiments intelligents » impacte fortement la manière d'y délivrer les prestations de Facility Mangement.

Que vous soyez donneur d'ordres, acheteur, client, prestataire ou fournisseur de technologie, les quelques pages de cet ouvrage finiront de vous en convaincre. Elles vous donneront quelques pistes pour accomplir les premiers pas de la transformation digitale du secteur du Facility Management.

•••

© La Valtynière

INTRODUCTION

« *Augmenter* » *les femmes et les hommes dans l'exercice de leur activité pour leur permettre de produire mieux, tel est l'enjeu de la transformation digitale du secteur du Facility Management.*

Penser l'entreprise à travers la technologie

La transformation digitale n'est pas un phénomène nouveau. Si cette manière de nommer l'impact des technologies de traitement de l'information sur les organisations est récente, la problématique, elle, est plus ancienne. Dès la fin des années 70, les calculateurs sortent du domaine scientifique pour pénétrer l'entreprise. Si l'observation aujourd'hui de cette période prête parfois à sourire au regard de l'obsolescence des matériels, elle ne doit néanmoins pas masquer les ambitions de transformation dont elle était déjà porteuse.

En 1986, je commençais ma carrière dans un cabinet de conseil dont c'était la vocation. Je me souviens :

- D'abord de l'automatisation des traitements de masse fondés sur du réglementaire et les gains de productivités apportés,

- Puis de l'ouverture de l'entreprise vers ses clients et fournisseurs à la faveur d'échanges entre ordinateurs pour la mise en place de politiques de flux tendus et de réduction des stocks et encours,

- Ou encore, des premières transformations de l'expérience clients aussi audacieuses que l'utilisation du minitel pour distribuer de la musique dématérialisée à la demande,

- Enfin, de la numérisation du pied des clients pour supprimer le stock de chaussures au profit du choix d'un modèle sur catalogue et d'une fabrication sur mesure assistée par ordinateur.

Ces quelques exemples ne prétendent pas détailler ici l'histoire de la contribution de la technologie à la transformation des organisations. Ils illustrent simplement le fait que chaque incrément technologique, propose a priori des opportunités de transformation du modèle opérationnel.

Dans les dernières décennies du 20ème siècle, l'apparition du contrôle de gestion, a néanmoins fortement contraint l'exploration préalable de telles opportunités, par des calculs de rentabilité. Fini le temps de la vision, de l'audace ou de l'intuition au profit de la mathématique du calcul de retour sur investissement. Ainsi l'essentiel des projets de transformation, s'est inscrit dans une logique productiviste de réduction de coûts, essentiellement financée par la baisse de la masse salariale. Délocalisation des activités irrémédiablement manuelles dans les pays à bas coût de main d'œuvre et dématérialisation maximum des flux pour leur traitement automatique, ont été les deux approches utilisées pour y parvenir.

Utiliser la technologie pour augmenter l'humain

Essentiellement fondés sur l'humain et fondamentalement non délocalisable, il n'est donc pas étonnant qu'en l'abordant sous cet angle, personne ne se soit réellement intéressé à la transformation, en particulier digitale, des métiers du Facility Management. Malgré un chiffre d'affaires consolidé dans le monde de plusieurs centaines de milliards d'euros, pour des millions de bulletins de paie édités chaque mois, le secteur du Facility Management reste donc encore à la porte de son industrialisation. Néanmoins, l'émergence de technologies matures permet dès aujourd'hui d'envisager différemment la valeur produite par les métiers de ce secteur. Entre les mains des agents, ces nouveaux outils, nomades et connectés ouvrent de nouvelles perspectives. Ils les aident à produire mieux et leur offrent l'opportunité de produire de nouveaux services. Ils les « augmentent ». Arrivé au bout des démarches de réduction des coûts imposées par la pression concurrentielle, le temps est venu de réinventer le modèle économique du secteur. Il ne s'agit plus de faire toujours plus de la même chose à moindre coût, mais de faire émerger de nouvelles propositions de valeur, portées par les outils déployés sur le terrain.

Plusieurs phénomènes poussent aujourd'hui à cette transformation. D'abord les donneurs d'ordres comprennent que la qualité du travail produit par leurs sous-traitants, fait partie intégrante de l'expérience de leurs clients ou du bienêtre de leurs collaborateurs. Selon cette perception, le retour sur investissement est alors à chercher entre les mains du consommateur final de la prestation, au moins autant que dans les gains de productivité directs du prestataire de services. On peut facilement imaginer l'impact positif sur les ventes, quand le centre commercial est propre, parfumé, bien éclairé, bien décoré, bien animé... Comme l'on peut anticiper la contribution de la qualité de l'environnement de travail à la performance des collaborateurs. C'est d'ailleurs depuis cette perspective, celle du consommateur, que s'envisage aujourd'hui la plupart des transformations digitales, souvent conduites par des services proches d'une direction marketing, parfois par une plus récente direction de l'expérience client.

Valoriser le nouvel écosystème technologique

Les modèles d'e-buisness les plus aboutis, comme celui de l'e-commerce tel que chacun d'entre nous le vit au quotidien, immergent l'ensemble des acteurs au sein d'un même système d'information (Clients, fournisseurs, moyens de paiement, livreurs...). C'est une dématérialisation qui disrupte le modèle traditionnel parce qu'elle fait apparaitre de nouveaux usages. Elle met en œuvre une nouvelle répartition des tâches entre les acteurs, une tension des flux et une automatisation maximum des traitements. La première conséquence est la réduction des coûts d'exploitation au regard du cumul des enjeux de chacune des parties prenantes. S'agissant de transformation, c'est d'ailleurs sur cette assiette d'optimisation du ratio coûts / bénéfices que se financent l'essentiel des transformations d'un modèle traditionnel vers un modèle digital.

Parce qu'ils partent d'une page blanche, les « natifs de l'e-business » eux, en particulier en B2C[2], ne financent pas leurs investissements par des gains de productivité. Ils s'inscrivent dans un modèle spéculatif qui valorisent essentiellement leur système d'information, en particulier au travers des univers de données qu'il produit. Ces « data » leur permettent non seulement de garantir la traçabilité et la transparence en temps réel de l'exécution de tous les

---

[2] B2C est l'abréviation de Business To Consumer. Elle signifie que l'entreprise travail directement avec le consommateur.

processus, mais aussi de qualifier et d'anticiper des comportements par analyse corrélative des données. L'objectif principal étant d'optimiser sa propre organisation mais aussi de mieux servir le client en qualité des délivrables et en anticipation de ses besoins. C'est ici que les principes du big data, de la business intelligence, de l'intelligence artificielle et du prédictif prennent tout leur sens. On pense évidemment à des éditeurs bien connus de plateforme de désintermédiation de tous secteurs comme Amazon, mais aussi : La Fourchette, Airbnb, ou Uber par exemple.

Au bout de quelques années d'immersion dans les différentes problématiques du Facility Management et d'une plus longue expérience dans la transformation des organisations, j'ai acquis la conviction que bien plus que par sa déshumanisation, la transformation du secteur se fera à la faveur de ces nouveaux enjeux.

S'approprier les enjeux du 21ème siècle

Ici, la technologie ne remplace pas l'humain. Elle « l'augmente » en lui offrant la capacité à produire de nouveaux services et à contribuer à la production de « data » au sein d'un même écosystème d'information. Ainsi, le donneur d'ordres, ses clients ou collaborateurs, les agents du prestataire, les systèmes tiers comme les prévisions météo ou de trafic routier, les capteurs et objets connectés... produisent ensemble de riches univers de données qui mettent en évidence des corrélations jusqu'à lors inexploitées. Par consolidation de points de vue, ces corrélations nous renseignent sur une vision plus large de l'activité, de ses résultats et de ses conditions d'exécution. Elles permettent une meilleure gestion anticipée des plannings, la réduction de l'absentéisme et l'optimisation des remplacements. Elles induisent de nouvelles approches de la gouvernance des chantiers et de la qualité dans une plus grande transparence des relations entre les acteurs. Elles permettent d'ores et déjà, de faire évoluer l'engagement en fréquence d'interventions vers un engagement selon le besoin connu, et demain selon sa prédiction.

C'est cette mutation qu'il convient d'accomplir pour faire entrer « la plus grande entreprise du monde » dans l'ère digital du 21ème siècle.

Contribuer à challenger cette vision auprès d'un maximum d'acteurs : donneurs d'ordres, prestataires et fournisseurs de solutions, est désormais le travail à faire pour accélérer la professionnalisation du secteur. C'est l'objectif que je me suis fixé en produisant ce petit ouvrage.

...

© La Valtynière

LES IDEES RECUES

Innover, c'est savoir sortir du cadre tracé par nos habitudes. Pour ouvrir cet espace et pouvoir accueillir des idées nouvelles, commençons par nous débarrasser de quelques idées reçues, si souvent entendues.

Penser sans a priori

Dans l'actualité du moment, peut-être avez-vous déjà entendu en télévision ou radio, la série de messages humoristiques qui dénoncent une liste d'idées reçues ? « Les papis se lèvent toujours aux aurores », « Les hommes ne supportent pas la douleur » et quelques dizaines d'autres. Je fais référence à une série de clips publicitaires au profit d'un organisme de crédit[3]. Cette présentation caricaturale dénonce avec drôlerie un certain nombre de contre-vérités du langage courant. Par association, l'auditeur éloigne ses a priori sur les offres de crédit et adopte une posture plus réceptive aux messages de l'annonceur. S'agissant de transformation digitale et plus particulièrement de celle du secteur du Facility Management, il est bon également de se débarrasser d'un certain nombre d'idées reçues pour envisager le sujet avec une plus grande sérénité.

---

[3] Il s'agit de la campagne de publicité du groupe Cofidis pour le crédit à la consommation, conçue avec l'agence Herezie et déployée en radio et télé depuis plusieurs années.

Toute démonstration engendre naturellement exceptions et contre-exemples. Le propos qui suit assume donc parfaitement que certains des points soulevés sont de bons candidats à ce type de contradictions. Néanmoins, l'exception ne créant pas la règle, il est indispensable d'écarter dès maintenant certaines de ces contre-vérités et le risque qu'elles ne brouillent le vrai sens économique et sociologique de la transformation du secteur du Facility Management.

Les robots vont remplacer les humains

Commençons par tordre le cou à cette première idée reçue, qui introduit la déshumanisation du travail comme une fatalité. La technologie n'est évidemment pas absente du secteur du Facility Management et son apport en productivité n'est pas sans conséquences sur l'organisation de certaines tâches. Néanmoins, les projections de déshumanisation des activités, se heurtent le plus souvent, non seulement à leur absence de rentabilité économique, mais aussi à un non-sens sociologique. Des évolutions certaines ont et auront un impact sur la contribution de l'humain à l'accomplissement des tâches (de ménage, de gardiennage, de maintenance, d'accueil...), mais pour autant, cette industrie de main d'œuvre est probablement celle qui présente, même à moyen terme, le plus faible risque de déshumanisation.

Pourquoi ? D'abord il faut se garder de considérer les métiers du Facility Management comme des métiers à faible valeur ajoutée. Ils ne le sont qu'en regard de la puissance et de la sous exploitation de la machine qui les produit : l'Homme. Si l'on arrive à se représenter une machine automatique qui nettoierait des sols sur surface plane et sans obstacle, celle qui montera et descendra les escaliers, donne tout de suite à la scène une allure de science-fiction. Surtout, elle nous emmène dans des univers technologiques coûteux dont les horizons de retour sur investissement dépassent largement la valeur économique du contrat pour lequel elle aurait été envisagée et configurée. On sera sans doute interpelé par la capacité technologique de pepper[4]. L'exploit mérite toutefois d'être relativisé au regard de la performance d'un ou d'une étudiante équipée d'un smartphone ou d'une tablette et qui financerait ses études par quelques heures d'accueil et de contribution à des services généraux en entreprise.

Enfin, penser qu'il existe une équation de l'emploi qui équilibrerait une déshumanisation, même partielle, des millions de salariés du secteur, relève d'une spéculation aussi peu réaliste que souhaitable. Pas plus que ne l'est sans doute le sens sociologique de la robotisation des services de proximité.

Seul le résultat compte

Dans l'opposition entre l'obligation de moyens et celle de résultats, la plupart des métiers du Facility Management s'inscrivent dans une tradition d'obligation de résultats. Il serait en effet assez mal venu que le donneur d'ordres interfère dans la gestion des personnels en charge d'une tâche, qu'il a lui-même décidé de confier à un tiers. L'hypothèse de l'intervention du client dans la gestion des

---

[4] Pepper est le premier robot humanoïde au monde développé par la Société Soft Bank Robotics. Il est capable d'interagir avec les humains de la façon la plus naturelle possible à travers le dialogue et son écran tactile.

activités du fournisseur, l'expose d'ailleurs à un délit de requalification des agents en salariés de son entreprise. C'est un délit formel ; celui de marchandage[5]. Néanmoins, penser que l'obligation de résultat dispenserait le prestataire de tracer et de rendre compte des moyens mobilisés pour l'obtenir serait une erreur.

En effet, au rythme de l'incrément successif des appels d'offres, ce qui était décrit hier comme une pratique concurrentielle par un fournisseur, deviendra un attendu d'une prochaine version de la consultation. Ainsi, un ensemble de bonnes pratiques émergent progressivement et structurent la relation client-fournisseur. Il y a même des contextes où leur mise en œuvre fait partie de l'engagement contractuel. C'est le cas de l'hyper propreté ou de la sureté dans les lieux sensibles par exemple.

Cette évolution vers plus de transparence dans les relations entre donneurs d'ordres et prestataires est un mouvement irréversible. Il tire évidement parti des capacités de traçabilité apportées aujourd'hui par la technologie. Dans beaucoup d'autres secteurs, l'histoire de la relation client-fournisseur a subi la même évolution vers une relation partenariale. En particulier au moment où les flux se sont tendus entre les industriels et leurs sous-traitants. Ensemble, ils ont réduit les encours d'exploitation au sein de la chaine de valeur dans l'intérêt du client final. Cette transformation a été l'un des fondements du Business Process

---

[5] Le délit de marchandage se caractérise par « toute opération à but lucratif de fournitures de main-d'œuvre qui a pour effet de causer un préjudice aux salariés qu'elle concerne ou d'éluder l'application des dispositions de la loi, de règlement ou de convention ou accord collectif de travail, ou marchandage, est interdite ».

Reingeniering[6]. Elle s'est financée, non seulement par la diminution des coûts, mais également à la faveur de l'augmentation de la valeur produite aux clients. Elle est aujourd'hui largement confirmée par les modèles économiques de l'e-business et de l'e-commerce en particulier.

Dans le secteur du Facility Management, l'évaluation de la qualité délivrée ne se limite déjà plus à la seule appréciation subjective des contrôleurs dédiés. Au regard des attentes du client final et des enjeux d'optimisation des moyens de production, elle résulte de la consolidation et de l'analyse de multiples critères. Par exemple s'agissant de propreté : le ressenti client, mais aussi les conditions météo, le calendrier, les taux de fréquentation, les fréquences d'intervention, la qualification des agents... De fait, elle met en évidence des besoins de traçabilité des éléments de contexte qui fondent le résultat sur une transparence des moyens mobilisés.

Cette évolution de plus en plus fréquemment évoquée par les professionnelles eux-mêmes, s'inscrit dans une évolution sociétale irréversible qui impacte d'ores et déjà la gouvernance des activités du Facility Management vers plus de rigueur dans la gestion des moyens et plus de transparence vis-à-vis du donneur d'ordres.

---

6 Ou Réingénierie des Processus d'Affaires. Selon l'approche promue par Michael Hammer et James Champy, l'entreprise abandonne l'organisation classique verticale fonctionnelle, en faveur d'une organisation horizontale dans laquelle la prise de décision peut être déléguée aux acteurs opérationnels (y compris externes) pour réduire le poids des fonctions supports et dégager davantage de valeur pour les clients.

~gie est un consommable

~~...~~ ~~uuris~~ de nombreux secteurs avant lui, le modèle économique du Facility Management a hérité des contraintes de son histoire. Fournisseur de métiers de proximité par définition, il s'est consolidé en France, autour de petites entreprises, créées par des professionnels méritants dont une partie est issue de l'immigration. Pour autant, ces entreprises devenues agences au fur et à mesure de leur intégration dans des groupes plus importants, ont longtemps conservé une grande proximité avec leurs donneurs d'ordres, inscrivant leur collaboration dans une relation de confiance sur des horizons longs.

Avec la centralisation des politiques d'achats chez les donneurs d'ordres, le secteur s'est progressivement retrouvé dans une logique concurrentielle forte, pour des engagements contractuels courts, dotés d'un plus gros volume de chiffre d'affaires mais associé à un taux de marge plus faible. C'est dans ce contexte économique que les professionnels, directeurs de région, d'agence ou de commerce, doivent optimiser la rentabilité de leurs contrats. Y-a-t-il un espace pour de l'innovation et de l'investissement ?

Non, car les comptes d'exploitation ne peuvent contenir que des charges variables, dont l'essentiel sont d'ailleurs des charges de personnel. Si quelques boutons ou badgeuses, ou d'autres technologies IoT[7], ont aujourd'hui des coûts d'acquisition amortissables sur les horizons des contrats, le système d'information nécessaire à

---

[7] Internet of Things (Internet des Objets). L'Internet des objets (ou IdO), désigne un nombre croissant d'objets connectés à l'Internet et permettant une communication entre nos biens dits physiques et leurs existences numériques.

l'exploitation des données qu'elles produisent, n'obéit pas à une logique économique de consommable. Pourtant c'est lui qui fournira les tableaux de bord nécessaires à l'optimisation de l'utilisation des agents. Nous allons y revenir largement, mais c'est dans la difficulté à financer cet investissement que se situe le principal paradoxe de la transformation digitale du secteur.

Pour augmenter sa productivité et sa proposition de valeur, le secteur du Facility Management a besoin de pouvoir projeter des données qui rendent compte de l'exercice de l'activité dans son environnement. Il lui faut un puissant système d'information dont la dimension applicative dépasse la seule vision technologique. Ce système a un coût qui ne peut s'amortir que dans la logique d'un investissement mutualisé. Côté prestataire de services, la mise en place d'une doctrine informatique groupe est freinée par le manque d'expérience et la culture de l'indépendance des agences. Côté donneur d'ordres, deux facteurs s'y opposent : le délit d'ingérence qui les empêche de participer pleinement à la mise en place d'un tel écosystème de business intelligence ; la difficulté à envisager la rentabilité des prestations comme une valeur de l'expérience des clients (ou des collaborateurs) et à participer économiquement à leur industrialisation. Par ailleurs selon la même équation économique, peu d'éditeurs aujourd'hui proposent de telles solutions à des stades de maturité et de développement industriels.

Le Facility Management est une offre de main d'œuvre

Avec ses centaines de millions d'emplois dans le monde, il est usuel, je le fais moi-même, de considérer le secteur du

Facility Management comme une industrie de main d'œuvre. C'est une erreur. Cette facilité de langage fait perdre de vue que c'est avant tout une industrie de services. Ce point de vue est essentiel pour disrupter la vision « centre de coût », traditionnellement associée aux services généraux. C'est un obstacle majeur à la transformation du secteur. Il convient en effet de considérer la production de ces prestations comme une contribution opérative à une chaine de valeur qui va jusqu'au client final, tels que Hammer et Champy[8] en font la promotion.

Pour s'en convaincre, il suffit d'en projeter la non-qualité dans l'expérience du client final (le client ou le collaborateur du donneur d'ordres). Qui prendrait encore l'avion ou le train s'il avait un doute sur la qualité de l'entretien des appareils, ou sur la sureté des gares et des aéroports ? Qui fréquenterait encore des espaces publiques s'ils mettaient en jeu sa sécurité sanitaire par exemple ? L'intensification de la prise en compte de l'expérience client comme un lieu de recherche d'avantages concurrentiels, a considérablement intensifié l'exigence des consommateurs, en particulier en matière de services associés à l'offre. Propreté, amabilité, compétence, disponibilité, efficience... sont aujourd'hui des attendus de toute personne en situation de consommation. Ces nouveaux enjeux devenus commerciaux, sont aujourd'hui dans beaucoup de contextes entre les mains d'un prestataire de Facility Management.

---

[8] Michael James Champy sont les deux professeurs américains qui ont formalisé la théorie du Buisines Process Reengineering (la Réingénierie des Processus d'Affaires en Français).

Il appartient aux acheteurs de ces prestations chez les donneurs d'ordres, de considérer ce point de vue dans l'évaluation du sens économique des offres fournisseurs. De même il appartient aux fournisseurs de savoir l'appréhender et la proposer à ses clients. Dans un marché où l'intensité économique est importante, Il s'agit néanmoins de faire la différence entre le « prix » et la « valeur » tel que l'expliquent W. Chan Kim et Renée Mauborgne dans leur ouvrage Blue Strategy Ocean[9]. On retrouve l'illustration d'une telle différence dans l'arbitrage par exemple, entre : toilettes gratuites et sans services versus toilettes payantes associées à du service. Tout un chacun pourra s'interroger sur ses propres attentes vis-à-vis de cet exemple grand public. C'est en particulier dans cette approche par la valeur, associée à l'augmentation vertueuse des exigences du client final que se situent les leviers économiques pour la transformation digitale du secteur.

En effet, pour ce secteur d'activités, l'innovation technologique est le levier essentiel pour l'augmentation de la proposition de valeur. Au bout du modèle économique historique, elle seule apporte à la fois une meilleure efficience dans la production des services par l'optimisation de l'organisation du travail associée à l'émergence de nouveaux services. Dans cette transformation, il ne s'agit pas de remplacer l'humain, il s'agit de « l'augmenter » avec des outils qui lui permettent de produire mieux et plus de valeur.

---

[9] Blue Strategy Ocean (Stratégie Océan Bleu), est un ouvrage de référence écrit par deux enseignants de l'INSEAD qui détaille et illustre les principes des stratégies de rupture. Il est aujourd'hui enseigné dans de nombreux programmes d'écoles de management et de commerce.

En synthèse

En dénonçant quelques idées reçues, beaucoup des idées essentielles associées à la transformation digitale du secteur du Facility Management développées dans cet ouvrage ont déjà été dévoilées. Sans chercher à les hiérarchiser, on doit retenir pour la lecture des chapitres qui suivent, que dans ce secteur :

1 **La technologie ne se substitue pas à l'humain, elle s'associe à lui pour l'augmenter et lui permettre de produire plus de valeur.**

2 **L'augmentation de la valeur produite par de nouveaux services et par des gains de productivité alimente le modèle économique du cercle vertueux de l'innovation.**

3 **Donneurs d'ordres et fournisseurs doivent augmenter leur niveau de sensibilité aux enjeux de la transformation digitale au profit d'une relation partenariale centrée sur la satisfaction du client final qui consomme le service.**

4 **La transformation digitale se fonde sur une industrialisation des pratiques qui aligne les processus opérationnels avec les exigences de captation des données d'exploitation et de suivi d'activité.**

•••

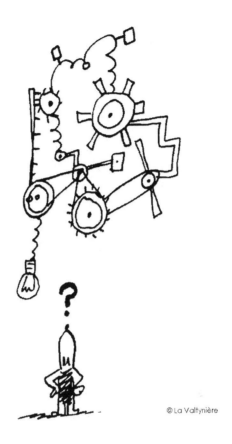

© La Valtynière

LA TRANSFORMATION

Les organisations qui produisent de la valeur sont des systèmes complexes. Leur transformation doit savoir appréhender ensemble leurs différentes composantes.

Transformer la vision de la valeur

Produire plus de valeur. Tel est l'enjeu essentiel que nous avons évoqué précédemment comme principal levier de transformation du secteur. C'est elle qui constituera demain le différenciateur des offres des prestataires de Facility Management. C'est elle qui sera prioritairement analysée par les donneurs d'ordres dans leur recherche de la meilleure offre. C'est elle seule enfin, qui peut fournir à l'innovation technologique le modèle économique nécessaire au financement de la transformation digitale du secteur. Ce modèle est en partie justifié par les gains de productivité apportés par la technologie. Mais, comme nous avons déjà eu l'occasion de le dire en évoquant la notion de prix, il ne résulte pas exclusivement de la réduction des coûts. Même si la présentation est un peu caricaturale, l'e-commerce n'est pas l'aboutissement de l'optimisation des magasins physiques. De la même manière, la transformation digitale du secteur du Facility Management, ne se limite pas à l'optimisation productiviste de ce qui est délivré aujourd'hui. Elle met en évidence l'opportunité de produire de nouveaux services, porteurs d'une valeur ajoutée complémentaire pour les clients, en partie en rupture avec la proposition de valeur historique. Cette deuxième nature d'enjeux contribue également à enrichir significativement le modèle économique associé à la transformation digitale du secteur.

Si les leaders de l'e-commerce n'ont pas été les enseignes historiques de la grande distribution, la disruption de l'offre dans le secteur du Facility Management a peu de chance de faire émerger de nouveau leaders. La compétition va se faire entre les acteurs déjà présents. Pour quelle raison ? Parce que « les assets[10] » sur lesquels elle se fonde, restent quoi qu'il en soit les millions d'hommes et de femmes qui opèrent chaque jour sur le terrain, et dont le recrutement et l'encadrement sont des barrières importantes à l'arrivée de nouveaux entrants sur le marché. Les enjeux de la transformation digitale du secteur du Facility Management sont donc entièrement entre les mains des donneurs d'ordres et des dirigeants actuels du secteur. Ils relèvent aujourd'hui de deux préoccupations complémentaires : répondre aux exigences d'industrialisation dans l'exécution des offres, en faire émerger de nouvelles, porteuses d'une proposition de valeur monétisable dans l'appréciation des acteurs qui en bénéficient.

Transformer la relation client-fournisseur

Nul besoin d'être un expert du secteur pour comprendre que dans un contrat de Facility Management, la charge d'exploitation la plus importante est celle des salaires : 83 à

---

[10] C'est un anglicisme qui désigne les ressources critiques de l'entreprise sur lesquelles se fonde son offre et sa valeur. Elles peuvent être des ressources de toute nature (physiques, humaines, savoir-faire…).

93 %[11]. Quand j'ai découvert le business de la propreté, un directeur d'une enseigne connue me disait : « Le chantier nécessite cent trente jours, le prestataire n'en proposera que cent pour gagner l'affaire et essaiera de n'en produire que quatre-vingts pour tenter de ne pas perdre d'argent ». Je crois que cette maxime professionnelle est assez significative de quelques encrages culturels historiques qui sont autant de freins à la transformation du secteur.

Pour autant, n'y a-t-il aucun espoir de changement ? Je ne crois pas. Pourquoi ? Parce que cette défiance entre le donneur d'ordres et le prestataire, résulte en grande partie de l'absence totale de transparence dans leurs relations. Avant de mettre en cause leur mauvaise volonté respective, commençons par constater la maîtrise parfois empirique de son activité par le prestataire. A sa décharge elle se fait presque toujours à défaut d'industrialisation de ses process et en l'absence d'outils performants pour en assurer le suivi de l'efficience. Difficile alors, d'argumenter avec un acheteur lorsque, entreprise de propreté par exemple, on est incapable de lui opposer les éléments tangibles relatifs au déroulement d'une mission. Y-a-t-il eu trois passages, deux fois par semaine, le lundi et le jeudi entre dix heures et midi ? L'agent portait-il la tenue règlementaire au regard de l'environnement ? Quand elles sont posées, combien de responsables de chantier sont en mesure de répondre facilement et en temps réel à ces questions élémentaires qui relèvent pourtant bien souvent d'engagements contractuels ? Peu en vérité et jamais de manière productive.

---

[11] Selon les données du SYPEMI, le principal syndicat patronal du secteur du Facility Management.

Dans une société de plus en plus averse aux risques, notamment dans deux des domaines du Facility Management de plus forte intensité économique : le sanitaire et la sureté, les exigences de traçabilité sont immanquablement appelées à s'intensifier au regard d'une contrepartie allant parfois jusqu'au risque pénal. Bien sûr, la négociation avec les acheteurs restera difficile : c'est leur métier. Mais elle doit désormais s'envisager de part et d'autre sur la base de la démonstration de la réalité du prix. Ici la première vertu de la transformation digitale est simple : fournir des outils de pilotage de l'activité qui garantissent en temps réel, la transparence des moyens mobilisés qui constituent le prix et la juste marge en regard de la valeur produite.

Quel consommateur a un intérêt à faire travailler un fournisseur à perte ? Aucun. Nous l'avons parfois appris nous-même à nos dépends en croyant faire une bonne affaire. Il suffit pour s'en convaincre de lire le roman de Jean Dubois : « Vous plaisantez Monsieur Tanner »[12]. Alors quel acheteur professionnel peut prendre le risque de faire travailler son fournisseur à perte ? Il sait que sa négociation ne doit entamer ni sa rentabilité ni sa capacité d'investissement dans l'innovation. C'est à cette condition qu'il sera toujours demain un bon fournisseur pour son entreprise. Lorsque ce n'est pas le cas, « la bonne affaire » se fait immanquablement au détriment de la qualité. En contrepartie, il est de la responsabilité du prestataire de savoir justifier sa valeur et sa marge pour une négociation transparente gagnant-gagnant. D'autres secteurs des métiers du service ont accompli cette transformation. Je

---

[12] Roman aux éditions de l'Olivier. Monsieur Tanner fait faire des travaux à moindre coût dans une maison qui finissent par lui coûter fort chers.

l'ai vécu il y a quinze ans dans l'industrie des prestations de service informatique et du conseil.

Transformer les pratiques

Au premier rang des vertus du secteur du Facility Management, figure l'importance de son rôle d'intégrateur social vis-à-vis des personnels majoritairement peu qualifiés qu'il salarie. Certes les rémunérations d'entrées se situent en bas de l'échelle, mais les plus méritants, à la faveur de la croissance du secteur, se voient proposer des opportunités vers des postes de maîtrise, voire d'encadrement. Dans des entreprises souvent familiales, même pour les plus grands groupes, on perpétue une forme de tradition artisanale où les employés ont la perspective d'avancer progressivement sur l'échelle sociale de l'entreprise. Si l'on doit y voir une pratique vertueuse de l'ascenseur social, paradoxalement elle freine le besoin de transformation du secteur où dans bien des cas, il s'agit de faire autrement, plutôt que de faire plus et mieux la même chose. Pourquoi est-ce inévitable ?

D'abord parce que le décalage entre les pratiques du donneur d'ordres et celles du prestataire s'accentue. La centralisation des structures d'achats au sein des donneurs d'ordres, leur professionnalisation au profit de collaborateurs issus de formation ad hoc, a dépersonnalisé la relation. La qualité de la relation humaine n'est plus le principal vecteur de confiance au profit d'informations précises et factuelles, qui rendent compte d'obligations contractuelles. Aujourd'hui, avec la généralisation du multi-services, les clients n'achètent ni exclusivement de la propreté, de la sureté ou de l'accueil... Ils achètent des jours / hommes, qualifiés, organisés dans un programme de travail attendu pour produire un résultat précisé dans des contrats. Il appartient donc au prestataire non seulement de produire le résultat, mais également de savoir rendre compte de l'alignement du réalisé vis-à-vis de l'attendu, in fine et au fils de l'eau. L'enjeu est celui de l'industrialisation où la qualité du résultat est celle d'un process. Pas question de passer des heures au téléphone pour essayer de reconstruire rétrospectivement des plannings dans des outils bureautiques, l'informatisation relative à la gestion de l'activité, est devenue un incontournable du secteur.

Enfin, l'intensification de la législation en matière de droit du travail, l'augmentation de la pression syndicale et des réseaux sociaux, contraint les managers à plus de rigueur au regard de leurs obligations légales. Ce point particulier qui rejoint le précédent, impose dès aujourd'hui une plus grande attention dans la cohérence entre la réalité du terrain et les contrats de travail. Ici encore, certaines pratiques de mobilité et/ou de remplacement sont progressivement substituées par des process plus rigoureux plus industriels et juridiquement moins risqués.

La professionnalisation du management dans le secteur est engagée et elle est irréversible. Certaines embauches récentes dans des postes clés de beaucoup de grands groupes en sont une bonne illustration. Elles répondent à l'évolution, non seulement des exigences des donneurs d'ordres, mais aussi et nous allons le voir dans le chapitre qui suit, à celle de leurs clients. Il faudra faire un peu du deuil de la valeur du savoir-faire au profit de celle du savoir. D'autres secteurs ont fait cette transformation souvent avec l'aide d'éditeurs de solutions ERP[13]. Je pense à l'industrie des biens de consommation. Ou plus récemment au secteur de la santé privée, cliniques et maisons de retraite. C'est au tour du secteur du Facility Management. Il faudra former les collaborateurs, en particulier les managers et les accompagner dans cette transformation.

Transformer la vision des enjeux

Quel client du transport en commun pourrait citer la raison sociale des enseignes qui assurent la propreté du métro ou des bus parisiens par exemple ? Quel collaborateur a en tête la société qui entretient son bureau, celle qui distribue le courrier, qui accueille les visiteurs ? Quel voyageur enfin, sait qui assure la sureté dans son aéroport ou encore l'assistance aux personnes à mobilité réduite ? Peut-être sait-il qu'en France, les aéroports sont gérés par Aéroport De Paris, peut-être n'a-t-il en tête que le nom de la compagnie aérienne avec laquelle il voyage.

Cette liste d'exemples pourrait s'allonger à l'infini pour illustrer deux principes essentiels associés aux prestations de Facility Management :

1 La valeur des prestations de Facility Management s'exprime principalement dans l'expérience du client final, parfois dans celles des clients intermédiaires dans les chaines de valeurs plus complexes ;

---

[13] Enterprise Resource Planning, parfois appelé PGI (Progiciel de Gestion Intégré) est un système d'information qui permet de gérer et de suivre au quotidien, l'ensemble des informations et des services opérationnels d'une entreprise.

2 Pourtant, bonne ou mauvaise, dans une relation « Business to Business to Customer »[14] l'image générée dans les yeux du consommateur final par la prestation produite, est toujours attachée à l'entreprise dont il est le client et non au Facility Manager.

Si vous appréciez la propreté des toilettes dans un lieu public, vous en attribuerez le mérite à l'établissement qui vous accueille, bien plus qu'à l'entreprise sous-traitante qui les entretient. La réciproque est évidement particulièrement vraie.

L'ARSEG[15] démontre dans différentes études relevant de la psychologie environnementale[16], l'impact positif de la qualité de l'environnement de travail sur la productivité des collaborateurs. Inutile de redémontrer ici que cet enjeu, quel que soit le mix d'éléments concernés (propreté, qualité de l'air, éclairage, insonorisation, ...) relève essentiellement de l'excellence de prestations presque toujours confiées à des entreprises de Facility Management.

Certaines situations peuvent révéler parfois des enjeux insoupçonnés dont les effets de levier sont considérables. Je pense à la thèse du master entreprendre d'HEC de Maud Payant et Anthoine Dusselier, deux étudiants[17] de talent. Elle met en évidence les millions d'euros perdus en

---

[14] Décrit une chaine de valeur où une entreprise est fournisseur d'une autre entreprise qui vend à un consommateur final.
[15] L'ARSEG est l'Association des Directeurs de l'Environnement de Travail. C'est une association loi 1901 qui mobilise 40 ans de savoir-faire pour fédérer les professionnels de l'environnement de travail, anciennement appelé services généraux.
[16] Lire Psychologie Environnementale de Gabriel Moser aux éditions de boeck.
[17] Maud et Anthoine ont depuis créés la Société Tarmac Technologies.

immobilisation des avions en escale du fait du manque d'efficience de la gestion des différents prestataires au sol.

Est-ce que l'acheteur a cette vision en tête quand il négocie les contrats avec les candidats prestataires ? Est-ce qu'il s'interroge sur les enjeux économiques au bout de la chaine de valeur au regard de la proposition financière qu'il est en train d'analyser ? Est-ce d'ailleurs la mission qui lui est confiée ? Pas certain... Pourtant, c'est bien cette équation économique qui lui permettrait d'objectiver le sens du prix et de raisonner en valeur plutôt qu'en coût dans l'intérêt de son entreprise.

De la même manière, on peut légitimement s'interroger sur la capacité du prestataire à inscrire l'économie de son offre dans cette même équation. Toutes les situations commerciales auxquelles j'ai été confrontées, mettent en évidence la timidité des offreurs et de leurs fournisseurs.

Transformer les Hommes

On comprend ici que pour se transformer, le secteur du Facility Management a besoin de disruption. En particulier, il doit se réinventer à la faveur des apports du digital dans un écosystème plus large qui adresse de nouveaux enjeux économiques. Pourquoi ne le fait-il pas ? J'y vois deux raisons principales :

1 Historiquement, le secteur du Facility Management s'est développé à la faveur de l'externalisation de tâches considérées par les donneurs d'ordres comme à faible valeur ajoutée. Ainsi il s'est créé au sein d'enseignes spécialisées, un gros volume d'emplois d'agents pour des travailleurs peu diplômés, ainsi que des positions de managers puis de directeurs pour des profils de

« meneurs d'Hommes » reconnus pour leur pragmatisme. Ce n'est pas manquer de respect à ces professionnels talentueux, de penser que le secteur manque de fait aujourd'hui de culture et d'expérience pour envisager une transformation en profondeur de sa proposition de valeur et de ses pratiques. C'est un sujet délicat, car il est probable qu'il remette en cause la manière de travailler de ceux qui hier étaient les plus performants et qui y seront donc les moins favorables.

2 Par ailleurs et comme nous l'avons déjà évoqué en introduction de cet ouvrage, le secteur a incontestablement accumulé un retard technologique important. En partie pour des raisons d'image, mais également du fait des assets essentiellement humains de son business model. Cela a contribué à éloigner les professionnels de l'informatique, plus traditionnellement attirés : soit par la technologie pure, soit par les enjeux de la dématérialisation de l'activité.

Nous reviendrons plus précisément sur la contribution de la technologie à la transformation du secteur dans les pages qui suivent. Mais à ce stade, il me semble essentiel d'y attirer des professionnels de l'architecture d'entreprise[18], qui s'impose comme un prérequis essentiel à la transformation qui s'annonce.

---

[18] Pratique selon laquelle il convient de penser ensemble la transformation du fonctionnement de l'entreprise et de son système d'information, à la faveur d'approches systémiques.

En synthèse

Ici encore, difficile de hiérarchiser les messages essentiels de ces quelques pages, tellement tous sont aussi importants les uns que les autres. Mais il nous a semblé essentiel, dans un secteur où l'Homme et la technologie sont appelés à cohabiter, de résister à la tentation d'introduire la valeur de la transformation digitale sous l'angle d'un catalogue des technologies disponibles.

1 **La transformation digitale du secteur du Facility Management s'initie par la transformation de la relation entre donneurs d'ordres et prestataires. En partant d'une logique de négociation sur le prix, elle doit rapidement évoluer vers une réflexion autour de la valeur.**

2 **Pour se faire, il faut comprendre que les clients du secteur du Facility Management ne sont pas les donneurs d'ordres, mais leurs clients, ou leurs collaborateurs ou encore « plus loin » les clients de leurs clients. C'est leur prise en compte dans le modèle de la transformation qui lui donne son sens économique.**

3 **La prise en compte de cet écosystème pluri-acteurs et pluridisciplinaire, ne peut se faire, comme l'ont démontré les enseignes de l'e-économie, qu'en les immergeant au sein d'un même système d'information.**

4 **Pour accomplir cette transformation les savoir-faire d'hier, ne sont pas suffisant pour garantir la réussite. Il faut que les hommes et les femmes de ce secteur se dotent de plus de compétences et de plus de méthodes.**

•••

L'INFORMATION

Capter et stocker un important volume de données n'est plus une difficulté technologique. Il faut désormais savoir les assembler pour qu'elles deviennent de l'information. C'est la contribution de la « Business Intelligence » à la transformation digitale du secteur du Facility Management.

L'autre côté du miroir

Depuis les années 70 et le pari de Bill Gates[19] sur le développement de l'informatique personnelle, son déploiement entre les mains du consommateur final n'a cessé de s'accélérer. Il est aujourd'hui fondé sur l'intégration des objets connectés, des réseaux de télécommunication et des ordinateurs. Il confère au moindre smartphone une puissance très supérieure aux calculateurs qui envoyèrent Apollo 11 sur la lune ! Ainsi, accéder et manipuler de l'information sous toutes ses formes : texte, image, son ou vidéo, depuis n'importe quel endroit du monde, est devenu presque aussi banal dans l'esprit du consommateur, que d'appuyer sur un bouton pour allumer la lumière. On parle désormais en langage naturel avec son téléphone, sa tablette ou son ordinateur. On échange en vidéo conférence, on regarde des films, des clips. On se renseigne sur tous les sujets. On achète des biens ... La liste pourrait s'allonger au nombre de toutes les

---

[18] Bill Gates est l'entrepreneur américain, pionnier de la micro-informatique qui en 1975, à l'âge de 20 ans, fonde la société Microsoft avec son ami Paul Allen sur la conviction qu'il y aurait un ordinateur personnel dans chaque foyer occidental.

activités désormais dématérialisées, au point que les générations dites « natives » ne connaissent que ce type de process.

Si la facilité de manipulation des données sur des terminaux est devenue familière, elle le doit principalement à la puissance de la partie immergée de cet iceberg technologique. Comme l'explique de manière assez convaincante Luc Julia dans « L'Intelligence artificielle n'existe pas »[20], plus les appareils à partir desquels nous manipulons des informations s'enrichissent de nouvelles fonctionnalités, plus la partie applicative qui les traite sur des serveurs distants devient sophistiquée et consommatrice d'énergie. Publier par exemple une photo sur un réseau social depuis son smartphone, consomme l'équivalant de 60 Watt x Heure[21] nous dit Luc Julia. Il conclut en nous rappelant qu'aujourd'hui, internet consomme 20% de toute l'énergie produite sur la planète. Après les Etats Unis d'Amérique et la Chine, internet s'affiche ainsi comme le troisième « pays » le plus consommateur d'énergie au monde !

Pourquoi cette introduction ? Parce qu'elle est particulièrement significative de la répartition des efforts à fournir pour penser le système d'information qui accompagne une transformation digitale. Si l'on peut être séduit par le catalogue de capteurs et de terminaux de toute nature pour accompagner les Hommes sur le terrain, la réussite de la transformation se situe pourtant de l'autre

---

[20] Aux éditions First. Luc Julia est un ingénieur franco-américain spécialisé dans l'intelligence artificielle. Il est l'un des concepteurs de l'assistant vocal Siri et est depuis 2012 vice-président chargé de l'innovation chez Samsung. Il dirige également le Laboratoire d'intelligence artificielle de Samsung (SAIL) à Paris depuis 2018.
[21] Une ampoule de soixante Watts allumée durant une heure.

côté, au bout des réseaux, derrière les appareils mobiles, capteurs et connecteurs, dans la couche applicative. Là où les données sont traitées algorithmiquement au sein d'un large écosystème pour devenir de l'information. Ce sont ces informations qui fondent l'optimisation des activités. Ce sont elles qui permettent aujourd'hui et demain de transformer la valeur produite par les activités du Facility Management.

De la donnée à l'intelligence

On aura compris que la valeur des data s'élabore sur les serveurs dans les applications qui exploitent de riches univers de données captées ou déclarées. C'est le cas pour Google qui peut mobiliser plus de 2 000 000[22] de serveurs pour répondre à une simple question posée par un smartphone, mais aussi pour Amazon, Facebook et bien d'autres de ces acteurs qui en quelques années, ont transformé des pans entiers de l'économie. Leur proposition de valeur est claire et pourrait se résumer dans une formule simple : « savoir toujours plus pour agir toujours mieux ». C'est évidemment également le cas dans le secteur du Facility Management. Agir mieux, c'est d'une part optimiser l'organisation des Hommes sur le terrain et d'autre part augmenter la valeur apportée à l'écosystème.

Tout un chacun connait les bornes de satisfaction clients aux couleurs des feux tricolores : vert, jaune, rouge. Elles ne sont d'ailleurs que la traduction physique des courtes enquêtes lancées par les sites d'e-commerce après un achat. Prenons cet exemple pour illustrer notre propos. Si durant une période de temps, 80 clients appuient sur le

---

[22] Derniers chiffres connus en 2008 selon Wikipédia

smiley vert, 15 sur le jaune et 5 sur le rouge pour exprimer leur satisfaction vis-à-vis de la propreté d'un lieu par exemple ; que peut-on en conclure ? Que 80% de ceux qui ont appuyé sur la borne étaient très satisfaits. Si maintenant, parce que l'on a installé de la détection de passage, on sait que 500 clients ont fréquenté l'endroit durant la période. On ajoutera à l'information précédente que seulement 20% des usagers ont répondu. On pourra également conclure que malgré l'importance de la fréquentation sur la période, la qualité perçue ne s'est pas dégradée. On pourrait l'analyser encore plus précisément si l'on possède les lois de distribution des évaluations et de la fréquentation sur la période. Si le lieu est ouvert sur l'extérieur, il peut être intéressant de savoir quel était la météo. La perception positive de la qualité produite aura d'autant plus de valeur qu'il pleuvait ce jour-là. Enfin, si l'on veut évaluer la performance réelle du Facility Management, on devra évidement intégrer à l'ensemble des données de l'écosystème ainsi défini le programme d'intervention des agents durant cette période.

Cet exemple, que l'on peut facilement projeter dans d'autres activités du Facility Management, est une bonne synthèse des messages partagés jusqu'à présent.

1 On comprend que pour évaluer la valeur produite par l'exécution d'une prestation, il faut la rapprocher de la perception des clients qui la consomme.

2 On comprend également que les données qui caractérisent le contexte dans lequel les prestations s'exécutent, ont de l'influence sur cette évaluation.

3 On doit comprendre enfin, que pour en tirer le meilleur parti, l'ensemble de ces données doit être rassemblé au sein d'un même système d'information.

Ajoutons maintenant une dimension historique à cet univers de données. On découvrira par exemple que la fréquentation du lieu est deux fois plus importante le mardi que les autres jours de la semaine sans dégradation de l'évaluation client. Mais qu'en revanche par exemple, celle-ci est moins bonne lorsque la météo est pluvieuse. Que l'absence d'un agent fait monter le taux d'insatisfaction client. Que l'absentéisme est plus élevé le mercredi. Ces quelques exemples volontairement simples, illustrent ici le sens que la transformation digitale donne à la Business Intelligence. Peut-être faut-il s'inspirer du mardi pour dimensionner les interventions des autres jours de la semaine ? Peut-être faut-il anticiper l'absentéisme du mercredi en prévoyant plus d'agents ou plus de passages ? Peut-être faut-il prendre en compte les prévisions météo dans la définition des programmes de travail ?

Vers de nouveaux usages

Nous sommes ici au cœur de la valeur ajouté principale de la transformation digitale tel que l'ont accompli beaucoup de secteurs de l'économie. C'est en effet cette approche qui fait qu'un site marchand propose des partitions de musique à celui qui vient d'acheter un piano pourtant sur un autre site. C'est cette même approche qui détecte un électeur potentiel[23] de tel ou tel candidat en fonction de son activité sur les réseaux sociaux. C'est enfin celle-ci encore qui à l'occasion d'un achat, complète le panier en fonction d'un l'historique de recherches sur le web. Agir mieux, c'est agir en fonction du besoin et autant que faire

[23] Il est fait ici référence à la mise en cause de la société Facebook dans la campagne de Donald Trump à la présidence américaine de 2016.

se peut selon une certaine anticipation de sa probabilité de survenance.

J'entends parfois des professionnels de la propreté se plaindre de nettoyer des surfaces propres en application de leur contrat du fait de l'absence de fréquentation constatée. A un autre endroit, ils regrettent de ne pas avoir réalisé une intervention spécifique pour répondre à des conditions particulières jugées pourtant anticipables. J'assiste par ailleurs souvent à des échanges entre professionnels qui s'interrogent sur la valeur des data dans le secteur du Facility Management.

On doit comprendre, que la valeur des données collectées sur le terrain, trouve son sens au travers des informations qu'elles permettent d'élaborer, puis de restituer dans des tableaux de bord pour agir mieux. Quelle meilleure image que celle du cockpit du pilote qui consolide devant lui un ensemble de tableaux de bord ? Ou celle encore des multiples capteurs qui alimentent tel ou tel système d'assistance pour guider un avion à l'atterrissage, ou une rame de train à son entrée en gare ? Mais gardons-nous de nous laisser étourdir par la performance technologique de multiples capteurs aujourd'hui facilement accessibles au secteur du Facility Management. Certes ils apportent une modernisation incontestable du secteur, mais là n'est pas l'essentiel de l'innovation. Comme toujours s'agissant d'innovation, la valeur se révèle dans l'usage. C'est de l'usage des données qu'ils produisent et au travers des informations qu'elles fournissent, que viendra la transformation du secteur.

L'évolution disruptive vers le « On Demand »[24] est une autre bonne illustration de l'impact de l'usage des informations sur les transformations possibles des modèles opérationnels. Elles en sont le fondement et relèvent de la capacité à savoir, à prévoir ou à anticiper. Elle est à l'image de la disruption apportée par la géolocalisation et les algorithmes de recherche opérationnelle pour l'optimisation des tournées de livraisons ou le choix d'un VTC[25] dans les applications mobiles. A ce stade, il faut donc comprendre que la transformation digitale du secteur ne se fera qu'à la faveur de la mise en place d'un système d'information intégré. A l'image des ERP dans d'autres secteurs, c'est au sein de ce système que se consolident les données du terrain pour mettre en évidence, ou pour supporter de nouveaux usages possibles. Nous reparlerons plus loin des approches possibles pour les découvrir de manière pragmatique.

Les fondamentaux de l'architecture

Loin de moi, l'idée de faire ici une description de ce que devrait être un système d'information de suivi d'activités du Facility Management. Néanmoins, dans mes échanges avec les donneurs d'ordres ou les prestataires, quelques thèmes récurrents reviennent dans nos conversations. Comprendre quelques principes liés à l'architecture des données pour pouvoir y répondre, me semble donc essentiel. S'agissant de l'optimisation de « l'outil de

---

[24] (« A la demande » en Français). On évoque ici un mode d'intervention fondé sur le besoin qui s'oppose à celui fondé sur une fréquence d'intervention définie à l'avance.
[25] Véhicule de Tourisme avec Chauffeur.

production », la gestion rigoureuse des agents sur les chantiers est toujours un sujet de première importance.

Le suivi présentiel

Savoir si un agent est ou non sur le lieu et aux horaires auxquels il est attendu peut nous sembler parfaitement élémentaire, en particulier dès qu'il s'agit de gérer la rentabilité d'un chantier. Par ailleurs, au moins deux obligations légales militent en effet dans ce sens :

1 Pouvoir rendre compte de la conformité de la prestation délivrée vis-à-vis de la commande passée.

2 S'assurer de celle du poste de l'agent vis-à-vis de son contrat de travail.

Inutile de revenir une nouvelle fois sur la valeur essentielle de ces données combinées à d'autres. Elle se révèleront indispensables lorsqu'il s'agira d'envisager l'automatisation de la gestion des remplacements. Ou encore de repenser l'efficience des programmes de travail. Pourtant, bien des situations montrent qu'une mauvaise appréhension du déploiement de la technologie pour le faire, conduit bien souvent à un véritable sinistre administratif.

Dire qu'un agent est sur un site, c'est d'abord savoir associer dans une base de données la localisation du site avec l'identifiant de la technologie de pointage. Si le site a plusieurs points de contrôle, il faudra en avoir préalablement saisie la cartographie dans la base de données. Si l'on souhaite savoir qui était l'agent, il faudra pouvoir capter et transmettre son identifiant en respectant les règles de confidentialité. Si l'on veut savoir si sa présence est conforme à celle que l'on attendait, il faudra qu'existe pour cet agent dans la base de données, un programme de travail attendu qui précise le site et les horaires de travail. Selon les exigences de traçabilité, il conviendra de lister par ailleurs, les tâches à accomplir.

L'objectif n'est pas de construire ici en français l'exhaustivité du modèle de données d'un système de suivi de présence. On cherche seulement à matérialiser le fait que, ce système ne prend tout son sens que dans l'assemblage cohérent de différents concepts : le site, l'agent, le programme, les tâches, les consommables, les équipements, la météo... et de toutes les données qui y sont associées. Si la technologie de déclaration de présence est male appairée avec la localisation géographique du site, la déclaration sera perdue et une anomalie sera générée. Si le programme de travail n'est pas correctement mis à jour, la valeur de la présence ou de la ponctualité sera perdue. Selon le niveau d'automatisation mis en œuvre, on pourra même avoir généré à tort une demande de remplacement ou l'enregistrement de la réalisation d'une tâche additionnelle au contrat passé.

Mettre en place un système de déclaration de présence efficace, ne se limite donc pas à la mise en place de sa technologie de captation. Cela suppose que les données captées arrivent dans une base de données structurée où combinées avec d'autres, elles fournissent des informations précises utiles au pilotage des opérations. On peut facilement imaginer au travers du seul exemple d'erreur d'appairage évoqué plus haut, la charge administrative de rétro-vérification de la présence réelle en fin de mois ! En revanche, au regard des tableaux de bord associés à une digitalisation vertueuse, on matérialise facilement les gains de productivité direct sur la production des états. Pour aller plus loin, l'exploitation de l'historique et la découverte de certaines corrélations entre les données, pourront mettre en évidence de nouvelles bonnes pratiques dans la mise au point des programmes de travail ou dans les choix d'affectation des agents. Ainsi pourra-t-on découvrir que tel agent est systématiquement en retard le mercredi. Que la satisfaction client baisse avec les congés scolaires. Que les dégradations apparaissent plus fréquemment le vendredi. Que les prises de poste tardives ne sont pas liées à l'éloignement du lieu de travail. D'une manière générale toutes formes d'informations qui rendent possibles l'anticipation pour une meilleure organisation du travail.

La détection d'absences

L'absentéisme est également toujours évoqué par les professionnels du secteur comme un problème important. En effet, son taux en est presque deux fois supérieur aux 5,1%[26] de la moyenne nationale. Il génère un manque à facturer de journées non produites, qui grève significativement la qualité et la marge des contrats. Du fait de l'intensification des exigences de transparence dans le cadre de la professionnalisation de la relation client/donneur d'ordres/prestataire, la détection des absences et l'organisation des remplacements devient donc une priorité de premier ordre. Pour trouver les bonnes réponses, il est important de bien comprendre qu'une absence ne prend son sens que par rapport à la fiabilité de gestion de la présence. Un agent est absent, si et seulement si, il n'est pas présent là et au moment où il était attendu. Ici l'enjeu est simple : être capable de traiter les absences au plus tôt de leur connaissance ou de leur survenance. Ainsi, les déclarations de congés, de maladie, de démission doivent être transmises et enregistrées au plus tôt. De même chaque changement sur les attendus de présence, doivent

---

[26] Source Ministère du Travail 2019.

être mis à jour en temps réel dans les programmes de travail. Enfin il convient de n'avoir aucun doute sur la fiabilité des moyens de déclaration et de transmission des données vers le système. C'est seulement selon ces hypothèses de fiabilisation de la détection de « non-présence » que l'on peut envisager l'apport du digital dans la transformation du traitement des absences. A la préoccupation d'un constat de fin de mois pour la juste production des états administratifs, on pourra alors substituer celle de la recherche au plus tôt de solutions de remplacement.

C'est le travail qu'effectue en temps réel un GPS dès qu'un trajet alternatif optimise le temps de parcours par exemple. Dans une solution digitale, on peut imaginer de trouver dès la déclaration d'absence, des candidats remplaçants, remplissant des critères de compétence, de disponibilité et de proximité. La substitution dans un nouveau programme de travail limitera alors le risque de perte de facturation. Dans des métiers du Facility Mangement comme ceux de l'hôtessariat où la ponctualité est une exigence contractuelle, certain Groupes ont déployé des pratiques extrêmement performantes sur ce sujet. Elles leur permettent non seulement l'excellence de leurs opérations mais également un haut maintien de la qualité du service client. Dans le secteur des métiers de bouche où l'absentéisme est également important et problématique, il existe depuis quelques années déjà plusieurs plateformes[27] dédiées aux remplacements. Ainsi, une fois abonnés, les professionnels peuvent y trouver un large panel d'extras qui y ont publié un curriculum vitae ainsi que leurs disponibilités dans l'espace et dans le temps. On

[27] On pense ici à « Extracadabra », « Gofer » ou « Job minute » par exemple sans que cette liste ne soit exhaustive.

trouve de nouveau dans cet exemple une bonne illustration de l'apport du digital vis-à-vis de l'optimisation de la production liée à la gestion des absences.

Au-delà de la productivité

Ces deux seules illustrations ne prétendent pas couvrir tous les besoins du secteur en matière de système d'information. Il faudrait parler plus en détail de la cartographie des chantiers. Evoquer au moins le suivi de la qualité et de son évolution pour chacun des attendus. Ou encore expliquer la contribution des moteurs de workflow pour la circulation des messages ou des formulaires. Mais l'objet de cet ouvrage n'est pas la spécification d'un progiciel idéal dédié aux activités du Facility Management. C'est le travail des éditeurs. Les exemples choisis permettent seulement de toucher du doigt l'importance de l'architecture des données dans la compréhension de la valeur des systèmes d'information dédiés aux métiers du Facility Management. On ne peut pas améliorer ce que l'on ne connait pas (ce que l'on ne mesure pas). C'est cette doctrine élémentaire que les managers du secteur et leurs donneurs d'ordres, doivent s'approprier. Elle traduit le fait que le retour sur investissement de l'effort de captation des données se révèlera plus tard, plus loin dans les process, à l'issue d'une analyse aboutissant à la transformation des pratiques. C'est un enjeu de gouvernance qui dépasse celui de la recherche de la productivité directe.

Ce qui est vrai pour le secteur du Facility Management, l'est également dans d'autres secteurs. Beaucoup ont d'ailleurs progressivement intégré les briques applicatives de leur système d'information autour d'un référentiel de données unique qu'ils sourcent aujourd'hui chez des éditeurs spécialisés. Cette concentration des données reste à faire dans le secteur du Facility Management. En particulier quand l'hétérogénéité des couvertures réseaux sur les territoires, parfois sur un même chantier, impose un mix des moyens de captation ou de déclaration des données (Téléphone fixe, badgeuse Laura, Liaison 4G, ...). On peut d'ailleurs penser que le marché donnera dans les années qui viennent, une priorité aux acteurs qui se seront rapprochés les uns des autres. Leurs partenariats technologiques leur permettront de garantir l'intégration d'une plus large couverture possible de l'écosystème. Certains acteurs s'inscrivent déjà dans cette démarche. C'est une évolution inévitable qui fait partie des enjeux de la transformation digitale.

En synthèse

Ce chapitre me parait essentiel à la compréhension des enjeux de la transformation digitale du secteur. Il est entièrement dédié à la valeur des données dans ce contexte. De nouveau, il nous semble utile d'en rappeler les quelques messages les plus importants :

1. **La valeur n'apparait que dans l'usage. Pour que les données issues du suivi d'activités du Facility Management impactent l'usage elles doivent : intégrer l'ensemble le plus large des contributeurs à l'écosystème ; être assemblées entre elles pour fournir de l'information.**

2. **La transformation des usages et l'augmentation de la valeur produite sont le résultat de l'exploitation par les managers de ces informations. Elles apportent : la transparence de la relation commerciale, une meilleure productivité des opérations, l'ouverture vers d'autres**

services et une autre organisation du travail fondée sur l'anticipation.

3. Même si les moyens de captation sont hétérogènes, il est essentiel que les données soient consolidées dans un référentiel unique qui en assure, l'intégrité, la cohérence et la facilité d'exploitation. La mise en œuvre de cette stratégie sera rendue possible par des partenariats entre les éditeurs de logiciels et les professionnels des solutions IoT.

Si nous avons mis en évidence le rôle fondamental des informations pour pouvoir « agir mieux », on aura compris que la mise à jour d'un système d'information, tout comme l'exploitation de ses livrables, n'est pas sans impact sur les compétences nécessaires à sa mise en œuvre dans les process métiers. Le chapitre qui suit détaille les points essentiels de cet aspect de la transformation du secteur.

•••

LES COMPÉTENCES

Le fonctionnement d'une organisation mobilise toutes les parties prenantes de la chaîne de valeur. Chacun dans son rôle y apporte son énergie et son savoir. Sa transformation demande des compétences complémentaires, parfois portées par de nouveaux acteurs.

J'espère que personne ne fermera cet ouvrage sans être convaincu que l'arrivée de la technologie dans le secteur du Facility Management, comme dans d'autres avant lui, est appelée à le transformer en profondeur. Pour reprendre une idée déjà évoquée dans les pages précédentes, cette transformation se fera à la faveur du déploiement d'un système d'information exploitant la gestion de l'activité. On entend par système d'information un écosystème technologique qui capte et élabore des données sous forme d'informations. Ce sont ces informations qui portent la proposition de valeur, influent à la fois sur l'exécution des opérations et à la fois sur la capacité à en rendre compte. C'est aujourd'hui dans tous les domaines, ce système qui porte l'essentiel des enjeux de la transformation et de l'innovation.

L'institut Kantar Millward Brown[28], publie chaque année le classement des entreprises mondiales les plus valorisées. Aucune surprise en 2020, en découvrant que les leaders sont : soient des sociétés de technologie pure,

---

[28] L'institut Kantar Millward Brown est un Institut d'études et de conseil détenu par le groupe international Taylor Nelson Sofres, spécialisé dans la marque et la communication.

Apple, Google ou Microsoft ; soient des sociétés ayant fortement dématérialisé leur business model avec Alibaba et Amazon en tête. Pas étonnant non plus que OpinionWay[29] dans une enquête récente, identifie Bill Gates et Steeve Jobs[30] comme les dirigeants les plus inspirants pour les patrons Français. Ou encore que les premières licornes mondiales au premier rang desquelles figurent Xiaomi, Uber, Airbnb et SpaceX, soient toutes des sociétés qui ont pensé leur stratégie à partir du numérique.

Enrichir le profil des décideurs

Pour la transformation

Pour poursuivre dans ce qui ressemble à une caricature : Il y a quelques années, il fallait avoir été fort en maths et en physique pour prétendre à des postes de direction. Quelques années plus tard il fallait compléter ces compétences d'une culture internationale et de la maîtrise des langues. Aujourd'hui il faut y ajouter une solide sensibilité au digital.

S'agissant d'esquisser ici quelques-unes des compétences essentielles à la transformation du secteur, l'éveil des décideurs à l'apport du numérique est fondamental. C'est un enjeu qui concerne l'ensemble des parties prenantes du secteur. Que savent les acheteurs de prestations de ce que

---

[29] OpinionWay est un institut Français pionnier des études de marketing et de communication, ainsi que des sondages d'opinion en France et à l'étranger.

[30] Steeve Jobs est un entrepreneur américain. Il fut l'un des pionniers de l'ordinateur personnel, du baladeur numérique, du smartphone et de la tablette tactile. Il fut cofondateur de Apple Inc, directeur des studios Pixar et membre du conseil d'administration de Disney.

pourrait apporter le digital ? Il suffit de parcourir les cahiers des charges de quelques appels d'offres pour réaliser que cette transformation culturelle ne s'est pas encore produite. Que savent les dirigeants des entreprises de Facility Managements du potentiel de transformation apporté dans leur secteur par le numérique ? Et quand bien-même, ont-ils envie de demander à leurs équipes de répondre à des questions qui ne sont pas toujours posées, au risque de déstabiliser un acheteur ? Enfin, la plupart des fournisseurs de solutions que j'ai eu l'occasion de croiser, étaient d'avantage focalisés sur la promotion de la performance de leur technologie que sur leur contribution collective à la transformation du secteur.

L'évolution du profil des décideurs et des influenceurs est un sujet qui a toujours accompagné les grandes ruptures socio-économiques. Le numérique en est une majeure. Il ne s'agit plus d'automatiser ce que l'on aurait fait manuellement, il s'agit d'être capable de repenser la proposition de valeur produite au travers des nouveaux apports du digital. C'est sur la base de cette capacité, qu'ont émergé les nouveaux leaders évoqués au début dans ce chapitre. Ainsi stratégie et technologie sont devenues indissociables et doivent être pensées ensemble, entre les mains de la même équipe dirigeante animée par une vraie appétence au digital. Fini les approches qui séquencent fortement l'expression de besoins et la spécification de la solution qui la met en œuvre. La transformation digitale, fait définitivement entrer les dirigeants dans l'ère de l'intelligence collective comme une nouvelle nécessité managériale. Nous allons en reparler plus loin.

Pour l'exploitation

Impossible aujourd'hui de concevoir de nouveaux modèles de fonctionnement qui ne soient pas fondés sur les technologies du digital. La capacité à collecter et à organiser des données est ainsi au centre de cette transformation. Nous avons vu plus haut que dans certains business dématérialisés, elle est même l'instrument principal de leur valorisation. S'il appartient aux dirigeants, clients et fournisseurs, d'être les moteurs de la transformation, il leur appartient également d'en être les premiers clients en phase d'exploitation. Peut-on Imaginer un directeur financier ou un comptable qui produirait des chiffres qu'aucun dirigeant ne regarderait ou ne saurait analyser ? Il faut ne jamais avoir assisté ni à un comité de direction ni à un conseil d'administration pour le penser. Depuis toujours la contrepartie financière des données d'exploitation nourrit le pilotage à court terme et la réflexion stratégique des dirigeants. Dans les secteurs ayant fortement digitalisés leur process, l'analyse de l'important volume de données brutes d'exploitation devient le nouveau levier principal du pilotage de l'activité. La capacité à analyser en continu les données, à les rapprocher, les enrichir pour qu'elles produisent de l'information, éclaire la performance de l'entreprise et guide les dirigeants. Cette compétence a un nom : la « data science »[31]. Il ne s'agit pas de transformer des dirigeants en « data scientists », mais de les éveiller à la valeur de cette pratique et d'injecter les profils ad hoc dans

---

[31] La science des données, est une discipline qui s'appuie sur des outils mathématiques, de statistiques, d'informatique et de visualisation des données. En 2020 les salaires des « data scientists » restent les plus élevés des professions du numérique. Les Etats Unis annoncent un déficit de près de 200 000 candidats sur leur seul territoire.

leur entourage proche. C'est non seulement important, mais compte tenu de la pénurie de ces profils, c'est également urgent.

S'appuyer sur une Direction Informatique

Nous avons déjà eu l'occasion d'évoquer le sujet technologique en introduction. Il me semble néanmoins utile de rappeler ici encore que : plus la fonctionnalité a de valeur entre les mains d'un utilisateur, plus sa mise en œuvre en est simple, plus « la machine » qui élabore le service est sophistiquée. Si tout est fait dans notre quotidien pour nous le faire oublier, le moindre grain de sable dans la partie immergée du système nous le rappelle, parfois cruellement. On connait les pannes des opérateurs de réseaux et de téléphonie. On se souvient des conséquences des problèmes d'affichage successifs à la gare Montparnasse à l'hivers 2017. On a encore en tête la perte du premier lanceur Ariane 5 du fait d'un bug de programmation. Les exemples sont nombreux dans tous les secteurs : la banque, la grande distribution, ou encore dans l'administration.

L'interdépendance entre les opérations et la technologie est devenue telle, que la gestion de la fiabilité, de la disponibilité et de la sécurité des systèmes d'information sont désormais des enjeux essentiels pour l'entreprise. On sait par exemple que plus aucune compagnie aérienne ne pourrait embarquer un vol « manuellement ». Idem pour certains process administratifs qui n'existent désormais que sous forme dématérialisée. Ces exemples, parmi beaucoup d'autres, illustrent parfaitement le transfert des enjeux stratégiques, du business vers la technologie sans retour en arrière possible. La « vague » du digital, née de la dématérialisation de la relation client (souvent à partir d'un site web devenu marchand), n'a fait qu'intensifier la valeur de ces enjeux et augmenter l'exposition au risque de l'entreprise. S'il faut encore s'en convaincre, il suffit de regarder la croissance continue du marché mondial des logiciels dédiés à la sécurité informatique. En 2020, il devrait dépasser 115 milliards de dollars dans le monde.

La transformation digitale d'un secteur économique est un projet critique qui concerne l'exécution des opérations et qui engage la continuité de service. Au regard des risques d'image, de perte de chiffre d'affaires, de piratage ou encore de dégradation de leur réputation, les entreprises doivent se doter des compétences indispensables à la maîtrise des nouveaux process dématérialisés.

A l'aune de sa transformation digitale, le secteur du Facility Management ne doit pas sous-estimer cet enjeu. Sans chercher à dessiner ici l'exhaustivité des profils nécessaires à sa direction informatique, il me semble essentiel qu'elle se dote dès aujourd'hui de quelques compétences indispensables à la transformation et rarement rencontrées dans les entreprises du secteur.

L'architecture d'entreprise

La maîtrise de cette pratique a été une étape importante de ma carrière[32]. Pour avoir accompagné de nombreux clients, dans beaucoup de secteurs, je reste convaincu que la maîtrise de l'architecture d'entreprise est une pratique fondamentale de la transformation digitale. On désigne par architecture d'entreprise, la capacité à modéliser formellement les différentes « briques applicatives » ainsi

---

[32] Entre 1992 et 2013, j'ai participé à la direction générale de MEGA International, entreprise leader mondiale d'une offre logicielle et de conseil dédié à l'architecture d'entreprise.

que les process qui les traversent. Certaines sont le résultat de développements spécifiques, certaines sont des modules de progiciels achetés sur le marché, d'autres enfin viennent sous forme de connecteurs associés à des objets connectables. Maîtriser le contour fonctionnel de chaque brique, supprimer les redondances et assurer leur intégration est en effet un enjeu essentiel de sécurité des données et de performance des processus métiers. Ainsi la dématérialisation progressive associée à la mise en œuvre de nouveaux services se fait par ajouts et recomposition des briques de l'architecture globale.

Les professionnels ne s'y sont pas trompés, puisque la plupart des Entreprises de Service du Numérique, consacre une part importante de leur activité à ce qui s'appelle l'intégration de systèmes. Elles sont pour cela partenaires des principaux éditeurs de solutions, eux-mêmes dotés d'une équipe de services professionnels, dédiée à l'intégration de leurs offres.

Parmi les raisons les plus militantes en faveur de cette compétence en intégration de système, on notera encore :

- La prise en compte du « legacy system » (l'ensemble des briques logicielles déjà installées, y compris les outils bureautiques et en particulier les tableurs)

- La dispersion et le recouvrement des offres des éditeurs de logiciels du secteur pour composer un écosystème fonctionnel cohérent

Le design (ou la conception)

Dans les pages qui suivent on trouvera un chapitre complet dédié à la conception collaborative nécessaire à la transformation digitale. Il m'a néanmoins semblé important de préciser ici l'attention particulière qu'il faut apporter aux collaborateurs qui auront demain la charge de formaliser les nouveaux services, les nouvelles manières d'opérer, la nouvelle proposition de valeur, en particulier à la faveur du digital. Pour ne prendre que cet exemple, Elon Musk[33] était-il un spécialiste de l'automobile issu de General Motors ? Ou encore de la conquête spatiale formé à la NASA ? A-t-il appris la construction de tunnels chez les leaders du secteur ? Non. Les enseignements des « Business School » sont désormais remplis des exemples de ceux qui ont disrupté des secteurs dont ils n'étaient pas issus. L'exemple choisi ici est certainement aussi emblématique que caricatural, mais il illustre bien le message contenu dans ce paragraphe : « Les meilleurs du temps d'avant, sont rarement les meilleurs du temps d'après ». Pourquoi ? D'autres ouvrages[34] vous l'expliqueraient mieux que moi, mais plus on est excellent dans son domaine, moins on a de chance de développer une pensée alternative, en dehors du cadre dans lequel on s'est soi-même enfermé. Il ne faut voir ici aucune critique de la séniorité, au contraire, mais plutôt un encouragement à la liberté intellectuelle. La créativité que l'on accorde parfois à la jeunesse des startupeurs ne viendrait-elle pas tout simplement de leur virginité sur les sujets qu'ils embrassent ? Quand la stratégie de l'entreprise ne peut plus se résumer à faire plus de la même chose, Il est alors difficile pour un spécialiste historique de mettre son talent au service de la

---

[33] Elon Musk est un entrepreneur américain. Il est le président-directeur général de la société SpaceX, directeur général de la société Tesla, fondateur de The Boring Company, une société de construction de tunnels et de Neuralink, une société de neurotechnologie.

[34] Lire « Petit traité de manipulation à l'usage des honnêtes gens » de Jean-Léon Beauvois et Robert-Vincent Joule aux éditions Presses universitaires de Grenoble.

transformation. Les entreprises l'ont compris et n'hésitent plus à intégrer à tous les niveaux des collaborateurs issus d'autres secteurs économiques que le leur. Certaines grandes enseignes du Facility Management ont d'ailleurs initié cette politique. L'un de mes amis chasseur de têtes, partageait avec moi récemment le fait que la connaissance du secteur devenait progressivement un facteur de moindre importance dans les profils de dirigeants cherchés par les entreprises.

S'agissant ici d'armer les entreprises du Facility Management avec des profils équidistants du business et de la technologie pour envisager de nouvelles propositions de valeur et de nouvelles manières d'opérer, ma recommandation est double :

- Premièrement les héberger au sein de la direction informatique dans un pool de designers. Nous reviendrons sur cette appellation dans le chapitre suivant. C'est ce que l'on aurait peut-être appelé des chefs de projet, ou des consultants internes, même si je n'aime pas beaucoup ce terme.

- Deuxièmement choisir des profils dotés d'une vraie appétence pour la technologie, riches de la diversité de leurs expériences plus que de leur expertise dans le domaine du Facility Management.

Depuis plusieurs années déjà, la transformation de l'entreprise n'est plus un phénomène conjoncturel. L'évolution permanente de son environnement dans tous les domaines, lui impose une réponse structurelle. Que l'origine soit réglementaire ou stratégique, au 21ème siècle les pratiques de la transformation font partie de la gouvernance. Comme le principal levier de la transformation est technologique, voilà pourquoi je propose de réinventer et d'enrichir une direction informatique, plutôt que de créer une direction de la transformation ou de l'innovation. Quand elles existent, elles se révèlent d'ailleurs souvent peu légitimes vis-à-vis des opérations. Elles sont en général dépourvues de ressources et confiées à un expert de l'entreprise ou du secteur, chargé de ses a priori.

Ici, il est essentiel de comprendre que l'accélération de la disponibilité des offres technologiques, dans toutes les dimensions qui les composent (fonctionnelle, technique, financière, accessibilité, ...), redéfinit l'équilibre des cycles professionnels des parties prenantes de la transformation.

D'une part, elles proposent des réponses à des questions plus vite qu'elles ne sont posées. De fait l'offre technologique anticipe de possibles nouvelles pratiques, indépendamment de la capacité de changement réelle des professionnels sur le terrain. D'autre part elles accélèrent l'obsolescence des solutions en production. Elle se révèle parfois avant la fin de l'amortissement comptable et même parfois avant la fin du déploiement.

A défaut de rapprocher facilement ces cycles d'évolution de la technologie, de la capacité de changement et des délais de mise en œuvre, commençons par rapprocher les Hommes. Voilà aussi pourquoi je pense qu'il est préférable de rassembler la production et l'innovation (le « run » et le « build ») au sein d'une même direction informatique, plutôt que de prendre le risque de les opposer.

Enfin, mon propos rappelons-le, n'est pas de dessiner ici l'organigramme idéal de la direction informatique d'une entreprise de Facility Management. Il consiste juste à mettre en évidence des compétences rarement rencontrées et dont le secteur doit absolument s'équiper. C'est à cette condition qu'il pourra prendre en charge structurellement les enjeux de la transformation digitale. Mais il serait injuste de ne pas mentionner le travail au quotidien des professionnels qui produisent, exploitent et sécurisent le système d'information de l'entreprise. Le procès qui leur est fait parfois de manquer de créativité ou d'ouverture d'esprit est souvent injuste au regard des risques dont ils protègent l'entreprise tels qu'évoqués plus haut.

Enrichir le profil des Managers

Nous avons esquissé jusqu'ici quelques-unes des conditions permettant de repenser l'offre de Facility Management et sa valeur économique. Mais la force d'une chaîne de valeur est toujours celle de son maillon le plus faible. En particulier la transformation n'existera qu'à la condition de sa mise en œuvre sur le terrain par ceux qui sont en charge des opérations. L'histoire du développement du secteur du Facility Management (tel qu'évoquée en introduction) a laissé une grande initiative de moyens aux managers des contrats en contrepartie de leurs résultats. De fait les pratiques managériales, comme les sensibilités à la technologie sont assez hétérogènes au sein du secteur, y compris au sein d'une même enseigne. Or, la transformation digitale s'accompagne toujours d'une industrialisation des pratiques. Professionnels qui lisez cet ouvrage, combien de fois avez-vous entendu par exemple « ce n'est plus possible avec SAP ! » ? Cette anecdote qui concerne autant le fournisseur que son client, illustre parfaitement l'impact du déploiement du digital sur la transformation des pratiques. Les managers en charge de l'exécution des contrats, comme les clients en charge de leur évaluation doivent y être préparés. Sans un accompagnement fort, la transformation est simplement impossible. Plusieurs facteurs de résistance doivent en effet être adressés par l'accompagnement du changement.

D'abord, comme nous l'avons déjà évoqué, le système d'information nécessaire à l'exécution d'un contrat de Facility Management ne peut pas être considéré comme un consommable intégré à la gestion économique d'un contrat, pas même d'une agence. Pourquoi ? A cause de la partie immergée de l'iceberg. C'est la « machine » qui produit l'information à partir des données collectées. Comme nous l'avons illustré en évoquant les conséquences d'une panne informatique, c'est cette partie cachée qui produit une grande partie de la valeur et qui supporte donc une grande partie du coût. Il est donc économiquement raisonnable de la mutualiser. Comme dans toute mutualisation, la contrepartie implique l'homogénéisation des pratiques qu'elle induit entre les mains des managers. Ces nouvelles pratiques, concernent la collecte des données, la restitution des informations et les nouveaux services et process qui en résultent. Laisser la machine proposer des remplaçants possibles à partir d'une analyse cachée de critères associés au profil d'une absence, est une transformation importante de la subsidiarité d'un manager. Laisser la machine proposer une recomposition de planning en fonction d'un algorithme nourri par un historique de données en est une autre. Objectiver l'évaluation de la qualité perçue par des données d'environnement est une redéfinition du pouvoir du client. Les exemples sont déjà nombreux aujourd'hui au sein d'un très large univers de possibles. Parions que dans ce secteur comme dans d'autres avant lui, un ensemble de « bonnes pratiques » émergera de cet univers dans les années qui viennent.

Inutile par ailleurs de commencer ce nouveau paragraphe avec une longue litanie des exemples qui démontrent la pénétration de la technologie dans notre quotidien. Smartphones, tablettes, ordinateurs, kiosques automatisés, signature électronique, ... La technologie est au bout des doigts de tout un chacun dans sa vie de tous les jours. Pourtant je rencontre parfois des professionnels, acteurs du Facility Management, fournisseurs ou acheteurs, qui n'ont ni adresse mail, ni smartphone, qui vont jusqu'à manifester une forme de désintérêt pour ces outils dans l'exercice de leurs métiers. Certes, je connais la culture réputée pragmatique de ce secteur. C'est souvent le mot que l'on m'oppose pour résister à la transformation. Mais je ne peux m'empêcher de penser à des collaborateurs qui voudraient faire de l'international sans parler le moindre mot d'une langue étrangère. Pour ceux qui veulent le mener, ce combat est perdu d'avance. Dans vingt ans, les managers de ces contrats seront tous des natifs de ces technologies et leur mise en œuvre au quotidien ne sera plus un facteur de résistance au changement. Mais la transformation du secteur ne peut pas attendre. Il y a donc ici encore quelques recommandations qui s'imposent.

Il faut :

- Impérativement former les professionnels à ces postes et enrichir les critères d'évaluation de leur performance,

- Leur expliquer le sens et la valeur de ses outils,

- Encourager les plus volontaires et promouvoir leur exemplarité.

Il ne s'agit pas de se limiter à quelques heures de formation au moment du déploiement d'un nouvel outil. Il s'agit de concevoir des programmes qui leur permettent d'augmenter leur niveau de sensibilité à l'impact de la technologie sur leur métier, sur leur rôle et sur leurs nouvelles contributions.

En Synthèse

Rappelons d'abord que nous n'avons cherché ni à lister, ni à organiser dans ce chapitre, l'intégralité des compétences nécessaires à la transformation digitale du secteur du Facility Management. Nous nous sommes limités à mettre en exergue, certaines d'entre elles et certains choix, considérés comme des prérequis importants et en particulier :

1 Au 21ème siècle l'évolution de la stratégie de l'entreprise et de sa proposition de valeur s'envisagent principalement à la faveur de l'apport du digital. C'est une sensibilité qui doit pénétrer les comités de direction de toutes les parties prenantes, pour préparer le secteur à la transformation de ses modèles économiques et opérationnels.

2 Pour en tirer le meilleur parti, les équipes de direction doivent s'équiper de compétences de « data scientist », capable de transformer en informations un important volume de données brutes d'exploitation.

3 Au regard du transfert des risques induits par la dématérialisation de l'offre, du business vers le système d'information, celui-ci doit être pris en charge par une équipe de professionnels structurée au sein d'une direction informatique.

4 Derrières les technologies de « front office » qui répondent aux exigences de chaque chantier (culture des agents, couverture des réseaux, topographie des locaux...), le logiciel spécialisé qui assure l'intégrité des

informations produites (la partie immergée de l'iceberg) est un investissement « corporate » de la direction informatique. C'est la brique essentielle de l'enjeu d'industrialisation des nouvelles pratiques du secteur.

5 La qualité de l'intégration des différentes briques logicielles qui orchestrent les processus métiers doit s'appuyer sur une pratique d'architecture d'entreprise. C'est un facteur clé de performance et d'agilité de l'offre.

6 L'évolution de la proposition de valeur est le résultat d'un travail d'intelligence collective interdisciplinaire. Ce travail permanent sur la transformation doit être animé avec des méthodes de « design thinking ». Il doit être pris en charge par une équipe de professionnels hébergée au sein de la direction informatique. Ils apportent, leur culture générale et la maîtrise de la démarche.

7 Il est indispensable de former et d'accompagner les managers sur le terrain, aux enjeux de la technologie, en particulier vis-à-vis de l'impact de l'intelligence artificielle sur leurs prises de décision. C'est un point essentiel du succès de la transformation digitale.

...

@ La Valtynière

LE DESIGN

La technologie permet aux organisations de produire de nouveaux services. Le potentiel de transformation est si important, qu'il convient de l'approcher par l'intelligence collective. Le « Design Thinking » est une bonne réponse à ces enjeux de la transformation.

Transformer c'est : « Rendre quelque chose différent, le faire changer de forme, modifier ses caractères généraux »[35]. On visualise assez facilement le process industriel qui fait passer un lopin d'acier brut à un rouleau de feuille de tôle ou à une succession de poutrelles. S'agissant de transformer des organisations, l'équation économique porte sur les mêmes tâches :

- D'une part, définir une nouvelle cible opérationnelle qui correspond à un besoin marchand.

- D'autre part, être capable de mettre en œuvre le process de transformation qui fait passer l'organisation d'un état à un autre.

Quand l'informatique s'est invitée dans la transformation des organisations, les professionnels ont significativement dissocié le traitement de ces deux problèmes. Les uns pensaient la cible à la faveur de méthodes dédiées, d'autres s'occuperaient de la conduite du changement dans une étape à suivre. Les industriels eux, ont assez vite compris que les enjeux associés au « concurrent

---

[35] Définition fournie par le Larousse en ligne.

engineering »[36] allaient leur apporter de l'efficience. Ainsi, les constructeurs automobiles ont réduit le cycle de développement d'un véhicule grâce à la mise en place de plateaux de conception collaborative. Les professionnels de l'industrialisation et de la fabrication s'y sont invités dès les phases d'études pour que leurs contraintes et attentes soient prises en compte au plus tôt. C'est en associant les parties prenantes du cycle de vie d'un avion très en amont, qu'Airbus a divisé par trois le poids des sièges. Il a diminué la consommation de carburant et facilité la dépollution de ses appareils en fin de vie.

Fort de ces retours d'expérience, nous allons essayez de comprendre dans ce dernier chapitre, pourquoi et comment, l'intelligence collective accélère la transformation digitale en général et celle du secteur du Facility Management en particulier.

L'accélération de l'offre technologique

La technologie permet de transformer la proposition de valeur. Dans de nombreux secteurs, elle disrupte les « business models » qui la mettent en œuvre. C'est l'un des messages répétés depuis le début de cet ouvrage. Mais l'impact de l'accélération de son développement, va bien au-delà. En effet, elle disrupte les méthodes et les approches qui permettent de concevoir et de piloter la transformation. Pourquoi ? Parce que l'univers des possibles qu'elle offre aujourd'hui est tel, que les méthodes de conception, doivent répondre bien plus à des exigences

---

[36] Concurrent Engineering ou CE en anglais, est une méthode d'ingénierie qui consiste à engager simultanément tous les acteurs d'un projet, dès le début de celui-ci.

de créativité qu'à des enjeux de rationalisation. Plus question donc de laisser la définition du système cible à quelques spécialistes des contraintes, en particulier informatiques. La confirmation des prédictions de Moore[37] après en avoir repoussé les limites années après années a fait disparaitre la technologie de la liste des facteurs limitants de la transformation. Aujourd'hui les acteurs du numériques, petits ou grands, « pure players »[38] ou non, démontrent que la limite est ailleurs. Parfois dans la peur de l'innovation, souvent dans la difficulté à oser ou encore à trouver un cadre réglementaire offrant des garanties sociétales à sa mise en œuvre. La question n'est plus « est-ce que c'est possible ? », mais « est-ce que ça a un sens ? ».

Entre les mains des professionnels compétents les machines sont dans le « cloud »[39]. Les bases de données n'ont plus de limite de volume. Les temps d'accès deviennent imperceptibles. La variété des techniques de communication garantit la performance des connections distantes. Les interfaces utilisateurs sont interactives et se rapprochent des langages naturels, les techniques de programmation également. Les smartphones rendent l'ordinateur personnel mobile et multitâche. Les capteurs de toutes natures sont disponibles sur étagères... Oui, l'expression des limites a changé de camp. Elles sollicitent aujourd'hui plus souvent, les autres directions de l'entreprise

---

[37] Gordon Moore avait affirmé dès 1965 que le nombre de transistors par circuit de même taille allait doubler, à prix constants, tous les 18 mois.

[38] Un « pure player » désigne une entreprise exerçant dans un secteur d'activité unique non diversifié. Ici on considère des entreprises n'exerçant que sur le marché de la technologie informatique.

[39] Littéralement « dans les nuages ». Ceci traduit que les machines ne sont plus dans l'entreprise, mais chez un hébergeur et exploitées par des professionnels dédiés.

plutôt que la compétence technologique de la direction informatique. Directions des métiers, mais aussi directions juridiques, des ressources humaines des finances, de la communication... deviennent des acteurs essentiels de la transformation digitale des organisations.

J'ai évidemment quelques exemples en tête. La reconnaissance faciale est une technologie devenue fiable et bon marché. De nombreuses applications, jusqu'aux plus critiquables de surveillance des populations[40] le démontrent tous les jours. Est-ce utile et acceptable pour la transformation digitale du secteur du Facility Management ? La géolocalisation en est une autre entrée dans notre quotidien avec les applications GPS sur les smartphones. A-t-elle des cas d'emploi professionnels ? Offre-t-elle toutes les garanties légales de respect du droit du travail et de la liberté individuelle ? Il est probable que les professionnels qui lisent ces lignes aient beaucoup d'autres exemples en tête.

Paradoxalement, l'apparente simplicité des nouveaux services technologiques, complexifie les processus de transformation par le nombre et la diversité des questions soulevées. Elles mobilisent un grand nombre des compétences de l'entreprise. Chacun dans son métier, fort de ses connaissances doit pouvoir s'exprimer. Tantôt en tant que force de proposition, tantôt en contradicteur éclairé des contributions débattues.

A l'image de l'efficacité apportée par l'immersion de l'ensemble des acteurs dans le même écosystème d'information, la démarche qui permet de le concevoir impose donc la même exigence. Cette démarche existe,

---

[40] Référence est faite ici aux dispositifs mis en place par l'état chinois.

elle s'appelle le « Design Thinking ». Elle fait l'objet d'une littérature nourrie qui s'enrichit régulièrement de nouveaux retours d'expériences dans différents domaines[41].

Le Design Thinking

Jusqu'à la fin du 20ème siècle, on a toujours considéré l'informatique comme une science de l'ingénieur. Il suffit de regarder les profils recherchés par la grande majorité des cabinets de conseil et sociétés de services informatiques de l'époque pour le confirmer. Pas surprenant alors, que les méthodes développées par cette communauté professionnelle, pour son déploiement au sein des organisations, aient été d'inspiration scientifique. Pour en avoir fréquenté et appliqué quelques-unes, toutes sont fondées sur l'approche systémique et l'abstraction. De fait, l'expression de leurs livrables se résume souvent à des modèles dont la sémantique ne fait pas partie de l'univers des utilisateurs à qui on les destine. Ils ne concernent de plus que marginalement la dimension du changement que l'on a pourtant évoqué plus haut comme un aspect fondamental de la transformation digitale. Le résultat est souvent sans appel. Combien de projets informatiques ont pulvérisé leur budget et leur délai du fait d'une mauvaise compréhension des besoins ou des capacités réelles de transformation ?

L'industrie manufacturière a une nouvelle fois compris assez tôt que la discussion avec les différentes parties prenantes d'un projet devait se faire au plus tôt, autour d'une

---

[41] « Design Thinking -Accelérez vos projets par l'innovation collaborative » de Stéphan Biso et Majorie Le Naour aux éditions Dunod, est le dernier ouvrage que j'ai lu sur ce thème.

représentation la plus réaliste possible de la cible finale. C'est tout l'enjeu du prototypage. Parti de maquettes en bois en plâtre ou encore en carton, la virtualisation numérique des objets dans les outils de CAO[42], offre aujourd'hui des possibilités de mise au point spectaculaires. Tout le monde a déjà vu la représentation virtuelle en trois dimensions réalistes d'une automobile pourtant encore en phase d'étude. Elle devient le lieu de l'intelligence collective de tous les acteurs jusqu'au client final. Casques de réalité virtuelle sur les yeux, les uns en évaluent l'habitabilité, les autres l'ergonomie, d'autres encore le look ou la facilité de fabrication... Chacun dans son rôle valide et fait évoluer les réponses aux besoins exprimés au plus tôt du cycle de développement. C'est aussi cette approche qui permet de lever une grande partie des freins associés au passage de l'état courant à l'état cible. L'imagerie virtuelle et l'intelligence artificielle sont d'ailleurs évaluées comme les deux innovations majeures de cette décennie par les pouvoirs publics[43]. Pourquoi ? Parce que dans le contexte, elles rendent le coût du prototypage très compétitif au regard des coûts d'un mauvais déploiement de la solution finale. Elles participent également activement à la découverte et l'appropriation collective de nouveaux univers des possibles. C'est également un enjeu essentiel pour la transformation du secteur du Facility Management : pouvoir faire anticiper et visualiser au plus tôt par toutes les parties prenantes leurs impacts sur le modèle économique du secteur.

---

[42] Conception Assisté par Ordinateur. Avec son outil Catia, la société française Dassault System, est le leader mondial de cette technologie dans beaucoup de domaines d'application.
[43] Téléchargez à ce sujet le rapport gouvernemental « PROSPECTIVE Intelligence artificielle - État de l'art et perspectives pour la France » sur entreprises.gouv.fr.

J'en profite pour rappeler ici un message déjà évoqué dans les pages précédentes. La transformation digitale ne se limite pas à la dématérialisation de certaines tâches dans des process qui s'exécuteraient à l'identique. Parmi les verbatims le plus souvent entendus dans les projets d'informatisation, figurent en première place l'affirmation que « le logiciel devra pouvoir s'adapter à nos besoins ». C'est toujours l'expression de la volonté, qu'au-delà d'un apport de productivité, la solution n'ait pas d'impact sur les pratiques de gestion opérationnelle. C'est une erreur commune. Tous les retours d'expériences des transformations digitales montrent en effet que les business dématérialisés, ou simplement assistés par la technologie, s'exécutent sensiblement différemment que ceux dont ils sont issus. C'est d'ailleurs de cette transformation que nait la plus importante part de leur valeur ajoutée. Consommer des médias sur un smartphone en streaming depuis un kiosque ne relève ni des procédures, ni des règles de gestion associées à l'achat ou à la location d'un contenu sur un support physique. Pas plus que l'utilisation d'un moyen de transport individuel mis à disposition en « free floating »[44] ne relève des process classiques de location ou d'achat d'un vélo. Ces exemples nous renvoient à l'impact de l'information sur l'usage, l'offre et sa mise en œuvre. Ainsi, la transformation digitale s'envisage d'abord à partir de la projection des attentes des clients et non, comme on le fait encore trop souvent à partir de la description des process.

Pour revenir au secteur du Facility Management, prenons l'exemple des « toilettes connectées » dont j'entends

---

[44] Forme de mobilité partagée qui consiste à laisser à disposition du public un véhicule sans que celui-ci ne soit rattaché à une station ou une borne.

souvent parler, toujours sous un angle technologique. De quoi parle-t-on ? D'équiper des toilettes publiques avec une série de capteurs dédiés à leur surveillance. Surveillance de la fréquentation et des niveaux de consommables : papier toilette, savon, parfum, essuie main... Inutile de revenir sur la question de la disponibilité de la technologie pour le faire, elle existe ! On comprend immédiatement que la publication des informations relatives à l'utilisation de ces toilettes, peut fortement transformer la manière de délivrer la prestation de Facility Management d'exploitation et d'entretien.

Il est en effet habituel d'organiser ce type de prestation selon une logique fréquentielle. Le contrat porte alors sur l'engagement du prestataire à réaliser un certain nombre de passages, par exemple dans une journée. Cet engagement contractuel entre le donneur d'ordres et son prestataire, est fondé sur une planification de l'intervention. Sa valeur relative est donc aléatoire puisque parfaitement indépendante du contexte terrain au moment où elle a lieu. On se souvient de la remarque d'un professionnel au début de cet ouvrage qui se plaint de nettoyer des surfaces propres ou de détecter un besoin en dehors des engagements contractuels[45]. Ici s'invite la question de l'intervention à la demande (le « on demand » anglosaxon) répondant à un besoin circonstanciel et non à une programmation. Comme nous l'avons déjà évoqué à plusieurs reprises, cette approche contribue significativement à augmenter la proposition de valeur délivrée. On comprend que l'ensemble des capteurs équipant les toilettes permettrait d'intervenir en anticipation d'un risque de manque d'un consommable

---

[45] Cf page 56 du chapitre l'information

par exemple. Cette réflexion s'applique à bien d'autres activités du Facility Management. Il faut vider les poubelles avant qu'elles ne débordent. Changer les ampoules lorsqu'elles sont en fin de vie. Ouvrir plus de guichets en fonction de la fréquentation, ou encore renouveler l'air quand sa qualité se dégrade. Enfin, je me souviens avoir travaillé sur l'organisation de la restauration rapide d'un parc d'attractions, où le temps d'attente au comptoir doit être indépendant du nombre de visiteurs. Il faut donc mobiliser les approvisionnements et le personnel en rapport avec des hypothèses de fréquentation des kiosques à l'heure du déjeuner. C'est l'intelligence artificielle, sur la base de données captées au moment de l'entrée des visiteurs dans le parc, qui pilotera la planification des personnels et des réassortiments.

Que nous disent ces exemples ? Ils illustrent le fait que la transformation digitale de l'offre de Facility Management, a des répercussions sur plusieurs aspects de son modèle économique. D'abord elle doit répondre à des attentes du client final qui la consomme. Mais au-delà de la technologie, on comprend qu'elle impacte en profondeur l'organisation du travail. Elle suppose en particulier une plus grande agilité dans sa planification. Dans certains cas, elle peut conduire à une plus grande proximité physique avec le donneur d'ordres. Elle peut par exemple, délocaliser des stocks de réassort de consommables, les comptabiliser dans les valeurs d'exploitation du client...

Une nouvelle fois, le propos ne consiste pas à esquisser ici les principes d'une organisation digitale cible du secteur du Facility Management. Il met seulement en évidence des pistes de transformation possibles ainsi que les questions qu'elles soulèvent. Est-ce légale ? Est-ce acceptable ? Est-ce souhaitable ? Est-ce profitable ?... Chacune de ces questions trouvera des réponses financières, éthiques, managériales, ou encore légales ou juridiques. Voilà pourquoi il faut savoir associer des clients, des donneurs d'ordres, des technologues, des organisateurs[46], des juristes, des financiers, au plus tôt dans le cycle de la transformation digitale du secteur. C'est une démarche d'intelligence collective pour laquelle le Design Thinking a été conçu.

La limite des cahiers des charges

Le secteur du Facility Management a un passé et une histoire. Parmi ses héritages les moins favorables, figure l'idée commune rappelée dans un précédent chapitre, de sa considération en centre de coûts. C'est d'ailleurs cette qualification qui a conduit à son externalisation. Pourtant je crois à la faveur d'exemples rencontrés et j'espère à la lecture de ces quelques pages, que cette vision peut changer, qu'elle doit changer, qu'elle change. La question ne peut plus être « comment réduire le coût de ces personnels sur le terrain ? », mais « comment les aider à produire plus de valeur ? ». Pour cela il est essentiel de comprendre que la conception d'un nouveau modèle, dépend en grande partie de la manière dont on formule le cahier des charges auquel il doit répondre.

Dans les séminaires je prends souvent l'exemple de la tondeuse à gazon. Faisons le ici. *« Vous souhaitez mettre en compétition des professionnels pour envisager une transformation de cet outil et corriger quelques-uns de ces défauts. Vous rédigez donc un cahier des charges auquel*

---

[46] On définit comme « organisateurs », des collaborateurs capables de penser des process et d'y associer un modèle économique.

les différents fournisseurs devront répondre. La manière dont vous le rédigerez contraindra significativement les réponses qu'ils seront en mesure d'imaginer ». Si vous considérez la capacité à couper l'herbe, comme la proposition de valeur principale d'une tondeuse à gazon, les fournisseurs vous proposeront une machine coupante. Si vous considérez que la proposition de valeur d'une tondeuse à gazon consiste à maintenir de l'herbe entre un niveau mini et un niveau maxi, l'univers des possibles s'ouvre considérablement, jusqu'à des innovations de rupture. Toutes les technologies de coupe les plus modernes, se complètent désormais d'autres types de solutions. Le service est peut-être possible par manipulation génétique de la végétation, par traitement chimique, thermique et que sais-je encore. Cet exemple simple, illustre que toute réponse est toujours intimement liée à la manière dont on pose la question[47]. Dans notre contexte, alors que le secteur du Facility Management a besoin d'innovations pour se réinventer, le principe de la consultation fondée sur un cahier des charges, rédigé par un acheteur, constitue un obstacle important à sa transformation.

D'une part, les consommateurs finaux de la prestation sont rarement associés à la formulation des attendus. Je n'ai pas le souvenir que l'on ne m'ait jamais demandé ce que j'attendais des agents d'accueil, d'entretien, de ménage ou de gardiennage des bureaux où j'ai travaillé. D'ailleurs je ne crois pas que l'on ne m'ait jamais demandé d'évaluer d'une manière ou d'une autre la qualité de ce service. Tout au plus a-t-on vu se déployer quelques smileys de couleur

---

[47] L'idée que la question du Maître, influence la réponse de l'élève, fait l'objet d'une réflexion philosophique dans un texte d'Augustin d'Hippone daté de 388, intitulé « Le Maître ».

dans des lieux publics, souvent redémontés depuis, car trop isolés pour fournir de l'information exploitable.

D'autres part, comment demander à un acheteur de formuler l'idée que la détection d'odeur devra être faite par un « nez électronique », s'il n'a pas la connaissance de la disponibilité de cette technologie ? Ou encore qu'il soit sensible à l'évolution de la qualité perçue par son client, s'il ne sait pas que des systèmes permettent cette traçabilité ? D'ailleurs le commercial de la Société de Facility Management répondant à l'appel d'offre le sait-il lui-même ? Enfin si ces deux technologies sont issues de deux fournisseurs différents, ont-ils compris qu'ils auraient un intérêt à travailler ensemble pour proposer un écosystème technologique innovant répondant aux besoins de transformation du secteur ?

Certaines solutions logicielles participeraient activement à l'optimisation des plannings ou à la gestion de l'absentéisme. Mais est-on certain d'être capable de les démontrer et de les justifier à des représentants du personnel ? Bien d'autres exemples démontreraient encore que les différents contributeurs à la transformation de l'écosystème économique du Facility Management ne se rencontrent pas, n'échangent pas, ne partagent pas. De fait, ils ne contribuent pas à l'augmentation de l'acculturation globale du secteur par la mise en commun de leurs connaissances. C'est une erreur. Dans ce milieu professionnel où les rapports sont traditionnellement durs, chacun ne fait que limiter le développement d'un marché dans lequel il pourrait pourtant exprimer son talent. Que faire ?

Aligner la vision

Quand j'observe l'évolution et la transformation d'autres secteurs avant celui du Facility Management, je constate que l'industrialisation s'est faite à la faveur de l'alignement des parties prenantes sur une vision commune. Souvent derrière un acteur leader : une entreprise, un cabinet de conseil ou d'analyse[48], un syndicat professionnel, un éditeur de logiciel, un fournisseur de technologie, un organisateur d'évènements.

Si je ne sais pas dire aujourd'hui quels acteurs doivent prendre l'initiative d'entrainer les autres, je sais en revanche, que beaucoup pourraient le faire. Dans une époque où les jeunes professionnels se regroupent dans des espaces de coworking, habitent en collocation, participent à des échanges internationaux depuis les quatre coins du monde, où des entreprises se rapprochent, signent des partenariats, je crois que la transformation digitale du secteur du Facility Management a besoin de cette intelligence collective pour accélérer sa transformation. Elle a besoin de son « showroom », de ce prototype autour duquel à la faveur des pratiques du Design Thinking, chaque partie prenante, peut visualiser les enjeux et apporter sa contribution. Avec la sortie de cet ouvrage, Brighten qui anime un groupe de réflexion autour des enjeux de l'innovation, souhaite y jouer un rôle et prendra des initiatives dans ce sens.

---

[48] On pense ici au Gartner Group ou au Forrester Institue par exemple

En synthèse

Que retenir de ce chapiire ? Que l'on peut faire mieux dans ce secteur et qu'il faut accélérer sa transformation. Que cette transformation est vertueuse et qu'elle l'est pour l'ensemble des acteurs. En particulier :

1 **L'évolution de la technologie s'accélère. Elle ouvre de nouveaux horizons. Pour en profiter pleinement, il faut adapter les méthodes de conception à ce nouveau biorythme de la transformation. C'est un enjeu essentiel pour le secteur du Facility Management.**

2 **Au regard du nombre d'acteurs et de thématiques impliqués, l'intelligence collective proposée par le Design Thinking apporte une bonne réponse aux besoins de transformation du secteur du Facility Management.**

3 **Les consultations fournisseurs doivent être fondées sur une plus grande connaissance a priori par l'ensemble des parties prenantes, des possibilités offertes par les technologies et de leur impact sur l'organisation. Dans sa logique actuelle, l'approche par cahier des charges est un frein à l'innovation.**

4 **En dehors d'activités commerciales directes, les différents acteurs de ce marché doivent pouvoir se retrouver autour de prototypes illustrant le plus largement possible les nouveaux écosystèmes cibles du secteur. Des initiatives doivent être prises sur ce thème pour accélérer la transformation.**

•••

CONCLUSION

« Le secret d'un bon discours, c'est d'avoir une bonne
introduction et une bonne conclusion. Ensuite, il faut
s'arranger pour que ces deux parties ne soient pas très
éloignées l'une de l'autre ».

George Burns

Parmi les professionnels qui ont écrit sur le secteur du Facility Management je lis, il y a plusieurs mois, un long article de Xavier Baron[49] qui co-signe une tribune sur l'avenir du secteur. J'aime bien l'article qui fait écho à ma propre expérience. Je reste toutefois en manque d'une conclusion, d'une conclusion optimiste. J'en parle avec Bertrand. Je lui explique que le digital rebat les cartes, qu'il transforme tous les secteurs et qu'il transformera celui du Facility Management. Je mets de l'énergie à le convaincre qu'un nouveau modèle résultera de cette transformation. Il me conseille de l'écrire. C'est la genèse de cet ouvrage. Je l'ai abordé sans a priori, avec la mémoire de la diversité de mes expériences professionnelles, parfois avec la méconnaissance de certaines contraintes du secteur, à l'image de ceux qui ont mis des trottinettes dans les villes, avant de savoir s'ils en avaient le droit.

En écrivant ces quelques lignes de conclusion, je m'interroge sur l'inspiration la plus profonde issue de ces quelques années de travail dans ce secteur. « Sortir de la défiance », voilà sans doute ce qui m'apparait comme le

---

[49] Xavier Baron est sociologue, enseignant chercheur et fondateur du cabinet XavierBaronConseilRH

prérequis essentiel à sa transformation digitale. Défiance entre donneurs d'ordres et clients. Défiance entre prestataires donneurs d'ordres, entre fournisseurs de solutions et prestataires, entre acteurs du digital, entre managers et salariés, entre dirigeants et syndicats...

Parce que la défiance et les dogmes s'installent toujours là où le savoir fait défaut, parce que cette défiance est le premier obstacle à la transformation du secteur, c'est donc par le partage du savoir qu'il convient impérativement de commencer. Ce savoir existe, mais il est fragmenté au sein de l'ensemble des acteurs de la transformation. L'intensification des enjeux, l'arrivée de nouveaux managers, l'émergence de startups spécialisées, favorisent cette consolidation. Le rapprochement des différentes catégories de professionnels doit désormais s'intensifier pour une montée en compétences collective de toutes les parties prenantes du secteur.

Retrouvons-nous autour de conférences, de séminaires, de salons, d'évènements, de publications, de business cases, de livres blancs... Brighten comme d'autres, continuera de prendre des initiatives dans ce domaine pour que tous les lecteurs d'aujourd'hui, soient les acteurs de la transformation de demain.

•••

Printed in Poland
by Amazon Fulfillment
Poland Sp. z o.o., Wrocław

72354677R00058